Para

com votos de paz.

/ /

DIVALDO PEREIRA FRANCO
PELO ESPÍRITO JOANNA DE ÂNGELIS

JESUS E O EVANGELHO
À LUZ DA PSICOLOGIA PROFUNDA
SÉRIE PSICOLÓGICA JOANNA DE ÂNGELIS
VOL. 11

EDITORA LEAL

Salvador
6. ed. – 2023

COPYRIGHT ©(2000)
CENTRO ESPÍRITA CAMINHO DA REDENÇÃO
Rua Jayme Vieira Lima, 104
Pau da Lima, Salvador, BA.
CEP 412350-000
SITE: https://mansaodocaminho.com.br
EDIÇÃO: 6. ed. (8ª reimpressão) – 2023
TIRAGEM: 3.000 exemplares (milheiro: 87.000)
COORDENAÇÃO EDITORIAL
Lívia Maria C. Sousa

REVISÃO
Christiane Lourenço · Luciano Urpia
CAPA
Cláudio Urpia
MONTAGEM DE CAPA
Ailton Bosco
EDITORAÇÃO ELETRÔNICA
Christiane Lourenço
COEDIÇÃO E PUBLICAÇÃO
Instituto Beneficente Boa Nova

PRODUÇÃO GRÁFICA
LIVRARIA ESPÍRITA ALVORADA EDITORA – LEAL
E-mail: editora.leal@cecr.com.br

DISTRIBUIÇÃO
INSTITUTO BENEFICENTE BOA NOVA
Av. Porto Ferreira, 1031, Parque Iracema. CEP 15809-020
Catanduva-SP.
Contatos: (17) 3531-4444 | (17) 99777-7413 (WhatsApp)
E-mail: boanova@boanova.net
Vendas on-line: https://www.livrarialeal.com.br

Dados Internacionais de Catalogação na Publicação (CIP)
(Catalogação na fonte)
BIBLIOTECA JOANNA DE ÂNGELIS

F825   FRANCO, Divaldo Pereira. (1927)

Jesus e o Evangelho à luz da Psicologia Profunda. 6. ed. / Pelo Espírito Joanna de Ângelis [psicografado por] Divaldo Pereira Franco. Salvador: LEAL, 2023 (Série Psicológica, volume 11).
256 p.
ISBN: 978-85-61897-97-6

1. Espiritismo 2. Psicologia 3. Jesus
I. Franco, Divaldo II. Título

CDD: 133.93

Bibliotecária responsável: Maria Suely de Castro Martins – CRB-5/509

DIREITOS RESERVADOS: todos os direitos de reprodução, cópia, comunicação ao público e exploração econômica desta obra estão reservados, única e exclusivamente, para o Centro Espírita Caminho da Redenção. Proibida a sua reprodução parcial ou total, por qualquer meio, sem expressa autorização, nos termos da Lei 9.610/98.
Impresso no Brasil | Presita en Brazilo

Sumário

Jesus e o Evangelho à luz da Psicologia Profunda   7

1   Soberanas leis – *Ev. Cap. I – Item 3*   13
2   O reino – *Ev. Cap. II – Item 2*   21
3   Realeza – *Ev. Cap. II – Item 4*   29
4   Diversidade de moradas – *Ev. Cap. III – Item 3*   37
5   Renascimentos – *Ev. Cap. IV – Item 25*   45
6   A desgraça real – *Ev. Cap. V – Item 24*   53
7   O jugo leve – *Ev. Cap. VI – Item 7*   59
8   O maior – *Ev. Cap. VII – Item 6*   65
9   Escândalos – *Ev. Cap.VIII – Item 12*   73
10 A paciência – *Ev. Cap. IX – Item 7*   79
11 Reconciliação – *Ev. Cap. X – Item 6*   85
12 Julgamentos – *Ev. Cap. X – Item 10*   93
13 Libertação pelo amor – *Ev. Cap. XI – Item 8*   101
14 O egoísmo – *Ev. Cap. XI – Item 11*   109
15 A vingança – *Ev. Cap. XII – Item 9*   117

16 O ódio – *Ev. Cap. XII – Item 10*	125
17 Os infortúnios ocultos – *Ev. Cap. XIII – Item 4*	131
18 A beneficência – *Ev. Cap. XIII – Item 11*	137
19 A piedade – *Ev. Cap. XIII – Item 17*	143
20 Amor filial – *Ev. Cap. XIV – Item 8*	149
21 Luz da caridade – *Ev. Cap. XV – Item 10*	155
22 Propriedade – *Ev. Cap. XVI – Item 7*	163
23 A avareza – *Ev. Cap. XVI – Item 11*	169
24 Perfeição – *Ev. Cap. XVII – Item 2*	175
25 Convidados e aceitos – *Ev. Cap. XVIII – Item 2*	183
26 Poder da fé – *Ev. Cap. XIX – Item 2*	189
27 Últimos e primeiros – *Ev. Cap. XX – Item 2*	197
28 Mediunidade – *Ev. Cap. XXI – Item 4*	205
29 Matrimônio e amor – *Ev. Cap. XXII – Item 2*	211
30 Espada e paz – *Ev. Cap. XXIII – Item 11*	219
31 Cruzes – *Ev. Cap. XXIV – Item 19*	225
32 Psicoterapeuta – *Ev. Cap. XXIV – Item 12*	233
33 A busca – *Ev. Cap. XXV – Item 2*	239
34 Gratuidade do bem – *Ev. Cap. XXVI – Item 7*	245
35 Pedir e conseguir – *Ev. Cap. XXVII – Item 7*	251

Jesus e o Evangelho
à luz da Psicologia Profunda

Jesus é o mais notável Ser da História da Humanidade. A Sua vida e a Sua Obra são as mais comentadas e discutidas entre todas as que já passaram pela cultura e pela civilização através dos tempos.

Não obstante, muito ainda se pode dizer e examinar em torno d'Ele e da Sua mensagem.

Sob qualquer aspecto considerado, o Seu Testamento – O Evangelho – é o mais belo poema de esperanças e consolações de que se tem notícia. Concomitantemente, é preciso tratado de psicoterapia contemporânea para os incontáveis males que afligem a criatura e a Humanidade.

Vivendo numa época em que predominava a ignorância em forma de sombra individual e coletiva, *qual ocorre também nestes dias, embora em menor escala, Jesus cindiu o lado escuro da sociedade e das criaturas, iluminando as consciências com a proposta de libertação pelo conhecimento da Verdade e integração nos postulados soberanos do amor.*

Incompreendido, assediado pela astúcia e perversidade, perseguido tenazmente, jamais se deixou atemorizar ou desviar-se do objetivo para o qual viera, conseguindo perturbar a astúcia dos adversários inclementes com respostas sábias e lúcidas, calcadas no Reino de Deus, *cujas fronteiras se ampliavam albergando todos os seres humanos sedentos de justiça, esfaimados de paz, carentes de amor. E nunca foi ultrapassado.*

Superior às conjunturas que defrontava pelo caminho e incólume às tentações do carreiro humano, por havê-las superado anteriormente, apequenou-se sem diminuir a própria grandeza, misturando-se ao poviléu, e destacando-se dele pelos grandiosos atributos da Sua Realidade espiritual.

Exemplo da perfeita identificação da anima *com o* animus, *Ele é todo harmonia que cativa e arrebata as multidões.*

Mas não se permitiu impedir o holocausto para o qual viera, nem o padecimento de muitas aflições que se impusera, para ensinar elevação espiritual e moral, desprendimento e abnegação àqueles que O quisessem seguir.

Jamais a Humanidade voltaria a viver dias como aqueles em que Ele esteve com as criaturas, sofrendo com elas e amando-as, ajudando-as e entendendo-as, ao tempo em que tomava exemplos da Natureza e, na sua pauta incomparável, cantava a melodia extraordinária da Boa-nova.

E ainda hoje a Sua voz alcança os ouvidos de todos aqueles que sofrem, ou que aspiram pelos ideais de beleza e de felicidade, ou que anelam por melhores dias, emulando-os em prosseguimento da tarefa e em autossuperação, ambicionando a plenitude.

Historicamente são muito escassas as referências a Jesus.

Flávio Josefo, por exemplo, historiador do povo hebreu, ao terminar o século I, por ocasião do ano 62, quando foi lapidado o discípulo Tiago, informou com expressiva síntese: Tiago, o irmão de Jesus, chamado Cristo, *aí encerrando a breve referência.*

Posteriormente, na Sua Obra Antiguidades Judaicas, *entreteceu mais amplas considerações, que parecem haver sido melhoradas*: Nesta época viveu Jesus, um homem excepcional, porque realizava coisas prodigiosas. Conquistou muitos adeptos entre os judeus e até entre os helenos. Quando, por denúncia dos notáveis, Pilatos O condenou à cruz, os que Lhe tinham dado afeição não deixaram de O amar, porque Ele apareceu-lhes ao terceiro dia, de novo vivo, como os divinos profetas o haviam declarado. Nos nossos dias ainda não acabou a linhagem dos que, por causa dele, se chamam cristãos.

No século II, Tácito, famoso historiador romano, nos seus Anais, *retratou as justificações de Nero a respeito do incêndio da cidade, que ficou devastada no ano 64 d.C., através das seguintes palavras*: Nero procurou os culpados e infligiu refinados tormentos àqueles que eram detestados pelas suas abominações e a que a multidão chamava cristãos. Este nome vem de Cristo, que o procurador Pôncio Pilatos entregou ao suplício.

Mais tarde, em memorável carta ao imperador Trajano, Plínio, o Jovem, comentando os ritos cristãos, detalhou: Reúnem-se numa data fixa, antes do nascer do Sol, e cantam entre eles um hino ao Cristo como a um deus. Comprometem-se sob juramento a não cometer roubos, assaltos ou adultério, e a nunca abdicarem da fé.

Não obstante, das inexauríveis fontes do mundo espiritual nunca cessaram as informações sobre a Sua estada entre os homens e a Sua permanência aguardando que se opere a transformação das criaturas e da sociedade em consonância com os Seus ensinamentos.

O legado por Ele deixado para a Humanidade, porque nada escrevera, experimentou rudes alterações através dos evos. A princípio, pela dificuldade de ser traduzido corretamente do hebraico, havendo passado para o grego, e posteriormente para o latim, que facultava muita obscuridade nos textos, foi apresentado em diversos fragmentos e interpretações que ficaram denominados como itálicos, *cabendo ao papa Dâmaso solicitar a S. Jerônimo que empreendesse a grande tarefa de revisão do Novo Testamento e do Saltério, para o latim, o que ocorreu em Roma em 383. Após a desencarnação do papa, seu protetor, S. Jerônimo se refugiou em Belém para dar prosseguimento à Obra, revendo o texto da tradução latina, comparando-a com o grego, a fim de aperfeiçoá-la e apresentando-a como definitiva, alongando-se o mesmo trabalho pelo Velho Testamento.*

No entanto, esse labor hercúleo, mesmo enquanto se encontrava no corpo o seu tradutor, foi contestado por S. Agostinho, para ser adotado por todos os povos cristãos, mais tarde, a partir do século VIII.

Jesus e o Evangelho à luz da Psicologia Profunda

Sucessivamente os Concílios foram apresentando alterações, correções, *interpolações, que mutilaram muitos conceitos do Mestre e geraram grandes perturbações, a fim de atenderem a interesses inconfessáveis de indivíduos e grupos políticos durante o largo período dos imperadores romanos...*

Permaneceu, no entanto, a essência dos Seus ensinos, que se encontram sintetizados no Amar a Deus sobre todas as coisas e ao próximo como a si mesmo.

Não pretendemos discutir textos do Evangelho em nossa modesta Obra.

Percorrendo as páginas edificantes de O Evangelho segundo o Espiritismo, *de Allan Kardec (52.ª edição da FEB), utilizamo-nos de alguns dos seus textos, com as respectivas anotações dos evangelistas, para proporsmos breves comentários à luz da Psicologia Profunda, por considerarmos de grande atualidade as propostas neles exaradas.*

Não se trata de um trabalho de grande fôlego, antes se perceberá que são anotações de alguém interessado em contribuir com alguns esclarecimentos de utilidade para os momentos que se vivem na Terra em plena convulsão moral e espiritual, no grande trânsito que se opera para a mudança de mundo de provas e expiações para mundo de regeneração.

Sem veleidades de especialista em Psicologia Profunda, o nosso é o contributo sincero de quem crê na excelência da Doutrina Espírita que atualiza o Evangelho, graças aos postulados apresentados pelos Espíritos iluminados ao eminente

Codificador, que muito bem soube fixá-los na Obra incomparável de que se fez responsável.

Esperando que a contribuição, que ora apresentamos ao caro leitor, possa despertar estudiosos da Psicologia Profunda para atualização dos ensinamentos de Jesus, e aprofundamento das questões por Ele abordadas, rogamos-Lhe, na condição de nosso Amigo Inconfundível e Terapeuta Excelente que é, que nos inspire e guarde na incessante busca do autoburilamento e da autoiluminação, que nos são necessários.

Salvador, 30 de junho de 2000.[1]
JOANNA DE ÂNGELIS

---

[1] Com o presente livro desejamos comemorar modestamente os dois mil anos do nascimento de Jesus na Terra, trazendo a Sua mensagem libertadora de amor para toda a Humanidade (nota da autora espiritual).

1
Soberanas leis

Ev. Cap. I – Item 3

*Não penseis que eu tenha vindo
destruir a lei ou os profetas...*
Mateus, 5:17

A Lei natural, que vige em todo o Universo, é a de Amor, que se exterioriza de Deus mediante a Sua criação.

O Cosmo equilibra-se em parâmetros de harmonia inalterada, porque procede de uma Causalidade inteligente que tudo estabeleceu em equilíbrio.

Essa ordem espontânea é sempre a mesma em toda parte, expressando-se como modelo para a conquista integral de todas as coisas, particularmente do *Eu profundo*, que dorme em latência nos seres aguardando os fatores propiciatórios à sua manifestação.

No começo é a *sombra* dominante, geradora de impulsos automáticos, inconscientes, herança dos períodos primeiros da evolução, quando se instalaram no psiquismo *os instintos primários*, que remanescem em controle das atividades do processo de crescimento. Inconsciente da sua realidade imortal, o ser é atraído para a Grande Luz libertadora, experimentando os embates internos que o desalojam da concha vigorosa onde se encarcera, facultando-lhe os primeiros voos do discernimento e da razão com promessas de plenitude.

Como efeito inevitável, a inspiração superior vem trabalhando em nome dessa Lei, para que o Espírito modele as asas para a ascensão, através de disciplinas morais e sociais, mediante as quais aprende a dominar os impulsos e racionalizá-los, para que no futuro consiga introjetar o sentimento profundo do amor e, mergulhado conscientemente na Lei Natural, consiga utilizar-se da *intuição* ou comunicação direta com o Pensamento Universal espraiado em toda parte, ascendendo aos planos da felicidade que almeja.

Moisés houvera estabelecido por inspiração e observação os códigos essenciais ao processo de libertação da *sombra* e elaborou o *Decálogo* conduzido pelo Psiquismo Divino, tornando-o indestrutível, paradigma para todas as demais leis, por conter em essência o fundamento do respeito a Deus, à vida, aos seres em geral e a si mesmo em particular.

À época, caracterizada pela predominância da *sombra coletiva*, tornava-se indispensável que ficassem estabelecidas trajetórias de grande vigor, mediante o processo avançado em relação à Lei de talião, aquela que punia conforme o tipo de delito praticado: *olho por olho, dente por dente...*

O ser humano compreendia que a amputação de um membro que houvera delinquido não correspondia a uma medida de justiça, mas sim de vingança, porque, afinal, não é o órgão que injuria, que comete o delito, mas, sim, é o ser pensante que transfere a atribuição da responsabilidade, propondo outro tipo de correção.

A reeducação passou a ser a medida própria para reabilitar o infrator, antes que para destruir-lhe a existência corporal ou parte dela.

Desde o primeiro código moral e legal, conhecido e exarado na estela de pedra por Hamurabi, que ficaram os primeiros sinais de respeito pela vida e pelos seres humanos, embora a dominação arbitrária dos poderosos em trânsito para o túmulo, sempre vitimados pela *sombra* que neles era a característica essencial.

Jesus, o Homem excelente, chegou à Terra e defrontou a ignorância em predomínio, trazendo a mensagem de amor que jamais fora apresentada antes na formulação de que Ele se fazia portador.

O amor era considerado sentimento feminino, próprio da fragilidade atribuída à mulher, porque se ignorava a força existente na *anima* que existe em todos os homens, prepotentemente submetidos ao férreo jugo da brutalidade. Da mesma forma, o *animus* que compõe psicologicamente o ser feminino era propositadamente ignorado, a fim de não ser vítima de punição, que atribuía à mulher culpa e responsabilidade pelo delíquio inicial do homem, portanto, a degradação de toda a Humanidade.

Esse barbarismo conceptual encontrava a sua extravagante inspiração na Bíblia, interpretada de forma conveniente e dominadora em desserviço das admiráveis imagens que revestem o pensamento original e podem ser decodificadas pela moderna Psicologia Profunda, como também pela psicanálise, retirando os mitos nela existentes e configurando os *arquétipos* que prosseguem no inconsciente individual e coletivo de todas as criaturas humanas.

Jesus não foi o biótipo de legislador convencional. Ele não veio submeter a Humanidade nem submeter-se às leis vigentes. Era portador de uma revolução que tem por base o amor na sua essencialidade mais excelente e sutil, e que adotado transforma os alicerces morais do indivíduo e da sociedade.

As do Seu tempo eram leis injustas e condenatórias, punitivas e impiedosas, que viam o ser humano apenas como um animal passível de domesticação, e quando se lhe patenteava a rebeldia, tornava-se merecedor de extermínio para o bem da sociedade. Mormente que as paixões da *sombra,* envolvente dos legisladores e seus tribunais, sempre preponderavam nas decisões criminosas, não menos merecedoras de reparação do que aquelas que pretendiam justiçar.

A superioridade espiritual e moral de Jesus entendeu a necessidade, não a primazia desse código perverso, e submeteu-se, pois que Ele viera também para dar exemplo dos postulados que recomendava, considerando respeitáveis os profetas e legisladores que estabeleceram essas leis nos seus respectivos períodos. Todavia, Ele trazia uma nova versão da realidade, centrada no ser imortal, procedente do mundo espiritual e a ele volvendo, o que alterava a estrutura da justiça, que não mais deveria ser punitiva-destrutiva, mas educativa-reabilitadora.

O ser humano erra por ignorância ou rebeldia, sob os estímulos do *ego* autodefensor, sem conhecimento profundo do significado existencial, do valor de si mesmo.

Mergulhado em *sombra*, esse lado escuro da personalidade, sobressai-se e impulsiona a ações que estão destituídas da razão e da compaixão, desnaturadas nas bases e dominantes na essência.

O ensinamento de Jesus fundamenta-se na evolução do *Self*, iluminando a *sombra* e vencendo-a.

Ele vem buscar o ser humano no abismo em que se encontra, priorizando os valores éticos e espirituais e deixando à margem as compensações egoicas, porque aquele que já desfrutou de felicidade e não a soube repartir com o seu próximo, terá menos possibilidade de fruí-la depois da vida física.

Todos os objetivos da Boa-nova que Ele trouxe centram-se no futuro do Espírito, na sua emancipação total, na sua incessante busca de Deus.

Tornando-se o *Caminho*, a Sua é a *Verdade* que conduz à *Vida*, à plenitude, ao armazenamento de sabedoria e de amor.

Na conquista desse objetivo, não importam os preços e testemunhos, os impositivos das legislações, mesmo quando arbitrárias e injustas, porque são transitórias. No entanto, diante da Consciência Cósmica, a escala de valores é feita mediante condutas essenciais, aquelas que são do ser em si mesmo responsável e assume as consequências dos seus hábitos perante a vida.

Todo o Seu verbo está exarado em linguagem programada para resistir aos tempos de evolução do pensamento e abrir espaços para as repercussões sociológicas e espirituais, éticas essenciais e morais seguras através dos diferentes períodos da Humanidade.

Ocultando grandes verdades em símbolos compatíveis com a compreensão do momento, utilizou-se com sabedoria dos conteúdos dos hábitos diários para compor o mais admirável hino de louvor à vida de que se tem conhecimento.

Suas parábolas, argamassadas com o cimento das lições do cotidiano, são discursos para todos os períodos do desenvolvimento sociopsicológico das criaturas. Não obstante, fez grandes silêncios em torno de verdades mais transcendentes, que poderiam ser desnaturadas por falta de amadurecimento evolutivo e psicológico dos Seus coevos, impossibilitados mesmo de registrar o pensamento, que sofreria, inevitavelmente, mutilações, adaptações, adulterações de acordo com os interesses vigentes em cada estágio da evolução.

Tornava-se, por outro lado, necessário que a Ciência pudesse corroborar-Lhe os postulados, oferecendo à razão os meios de aceitação compatíveis com as exigências do sentimento destravado das leis vigorosas e primitivas, bem como dos dogmas que as substituiriam, tão perversos quanto elas, a fim de manterem as mentes submetidas aos interesses das religiões e dos Estados ultramontanos.

Pelo mecanismo inevitável e incoercível das reencarnações, missionários do Bem e da Luz periodicamente mergulhando no corpo esbatiam a *sombra coletiva*, libertando o ser daquela que nele predominasse, mediante o esforço de adaptação às conquistas da inteligência e da emoção.

Na perspectiva, portanto, da Psicologia Profunda, a *Lei de Amor* está inserta no ser legítimo, trabalhando-o sem cessar em face do fatalismo da evolução nele predominante, ao tempo em que os conceitos de imortalidade, de comunicabilidade do Espírito após a morte e da reencarnação pudessem receber o aval da Ciência investigadora, abrindo novos horizontes para o amadurecimento psicológico, gerador da felicidade humana.

Por isso, o enunciado de Jesus: *Não penseis que eu tenha vindo destruir a lei ou os profetas* – é de significado relevante e essencial, ensinando que, mesmo diante de leis injustas e imposições apaixonadas, o ser lúcido não deve criar embaraços ou temer as injunções negativas, porquanto, na sua liberdade interior, nada de fora consegue alcançá-lo realmente, exceto a sabedoria da Lei Natural inserta na sua consciência.

2
O REINO
Ev. Cap. II – Item 2

O meu reino não é deste mundo.
João, 18:36

O mundo, examinado sob a óptica teológica à luz da Psicologia Profunda, é um educandário de desenvolvimento dos recursos espirituais do ser em trânsito para o *Reino dos Céus*.

Do ponto de vista teológico ancestral, é possuidor de um significado secundário e perturbador para o Espírito, que o deve desprezar e mesmo odiá-lo.

Essa visão originada no Cristianismo primitivo encontrou, na ignorância medieval, o seu apogeu, estimulando os crentes a renunciá-lo, deixando o corpo consumir-se pelas enfermidades degenerativas e pelo abandono a que era relegado como passaporte para a glória celeste.

À medida que a *sombra coletiva*, no seu caráter universalista, começou a dissipar-se em razão dos avanços do conhecimento, a dicotomia em torno do mundo e do *Reino* deixou de ser separada por um imenso abismo, graças à ponte da lógica e da razão que foi colocada entre as duas bordas, facilitando a comunicação, o acesso de quem desejasse transferir-se de um para o outro lado.

Fosse o mundo apenas um *vale de lágrimas*, ou a região de dores infernais, defrontaríamos um absurdo ético, ao analisarmos a Divindade com todos os atributos da Perfeição, atirando criaturas psicologicamente infantis e desequipadas em uma experiência impossível de ser vivenciada com dignidade e elevação. Quaisquer exceções que ocorressem se apresentariam como portadoras do transtorno masoquista, que haviam elegido a desdita e o infortúnio, a fim de alcançarem a glória como compensação pelas dores sofridas. Seria uma conquista difícil de ser conseguida pelo ser humano, constituindo um paradoxo na área da razão e do bom senso, em face do impositivo de que o sofrimento é o caminho único para facultar o equilíbrio e o júbilo.

Isso constituiria a morte do amor, o aniquilamento da esperança e a destruição da caridade.

Em nenhum momento, o Homem-Jesus anuiu com essa ideia ou fez algum pronunciamento que pudesse dar validade a esse conceito absurdo e cruel, desnaturando a magnanimidade de Deus.

O mundo tem as suas características e legislação, condutas e ética ainda imperfeitas, certamente, mas que se aprimoram à medida que o ser humano se aperfeiçoa e adquire equidade, enobrecimento.

Eleger a Deus antes que ao mundo, ressaltam inúmeras passagens neotestamentárias, sem que isso signifique detestar um a benefício do outro.

Para que houvesse esse procedimento evolutivo e qualitativamente ocorressem transformações incessantes, Jesus veio viver nele, participar das suas conjunturas, abençoar as suas paisagens, ensinando como transformar os fatos constritores, limítrofes, em linhas direcionais para o Bem, ante a inevitabilidade do fenômeno da morte física.

A Sua é uma Doutrina toda alicerçada nas expressões imortalistas, na vida futura que a todos aguarda, propiciando a conquista desse desiderato mediante a autotransformação, a elevação de propósitos, a eleição de metas significativas e profundas.

Jesus jamais se escusou de participar do convívio social conforme as regras do mundo, e quando não foi recebido conforme os preceitos legais na casa de Simão, o fariseu, que O convidara para um almoço, censurou essa conduta ignóbil, exaltando a mulher que abandonava a *sombra* e sublimava a libido pervertida, lavando-Lhe os pés e os enxugando com os seus cabelos...

Igualmente aquiesceu jovialmente em receber Nicodemos, que era *doutor da Lei* e autoridade do Sinédrio, para uma entrevista, desvelando-lhe a incomparável Lei dos renascimentos corporais como necessários para entrar no *Reino dos Céus*, e assim integrar-se no concerto cósmico.

Visitou com alegria mais de uma vez os samaritanos vitimados pelos preconceitos dos judeus, e, por sua vez, reacionários àqueles, divulgando nos seus sítios a estratégia para a felicidade na Vida espiritual, que é a verdadeira.

Tomou parte da sua a família de Lázaro, da Betânia, aceitando as gentilezas de Maria e advertindo com bonomia a preocupada Marta.

Em momento nenhum levantou a Sua voz para maldizer o mundo, para condená-lo; antes propunha respeito e consideração pela sua estrutura conforme Ele próprio se comportava, comedido e afável.

Mas que o Seu *Reino* não era deste mundo transitório, relativo, material, é, por definitivo, uma grande verdade. Ele viera para que os homens conhecessem a realidade, estes que, de origem pastoril e nômade, não tinham, ao tempo de Moisés, condição para entendê-la, necessitando, antes, do rigor de leis severas a fim de comportar-se com equilíbrio após sucessivos períodos de escravidão, nos quais amolentaram o caráter, a conduta, a existência sem ideal de crescimento e dignificação.

Na visão da Psicologia Profunda, embora Ele se referisse às Esferas de onde procedia, o *Seu Reino* também eram as paisagens e regiões do sentimento, onde se pudessem estabelecer as bases da fraternidade, e o amor unisse todos os indivíduos como irmãos, conquista primordial para a travessia, pela ponte metafísica, do mundo terrestre para aquele que é de Deus e nos aguarda a todos.

Humanizado, Ele enfrentava os desafios e compreendia a *sombra* que pairava sobre o discernimento das pessoas, qual ainda ocorre na atualidade expressivamente.

A ignorância da realidade predomina nos jogos dos interesses servis, deixando sempre os seus áulicos profundamente frustrados por não encontrarem neles tudo quanto creem necessitar para estarem em harmonia.

Essa busca de *coisa nenhuma*, a que se atribui demasiado valor, sempre conduz à solidão, ao desespero, ao vazio existencial, perturbando as melhores aspirações de beleza e de realização pessoal.

Não foram poucos os indivíduos que desejavam instalar aquele Reino por Ele anunciado no próprio coração. Fascinavam-se com a Sua eloquência, com a lógica da proposta libertadora e logo recuavam, ante um *mas*, que abria condição para optar pelos interesses das paixões a que estavam acostumados, iludindo-se quanto a improváveis possibilidades de retornarem ao Seu convívio.

Um jovem queria segui-lO e era rico. Sensibilizado, afirmou que deixaria tudo e até mesmo daria os seus bens aos pobres pela alegria de O acompanhar, *mas*, naquele momento, tinha outros compromissos que pretendia atender, após os quais se resolveria pelo que fazer corretamente. E se foi...

Outro moço sintonizou com o Seu chamado, experimentou a sensação indizível da Sua presença harmônica, *mas*, seu pai havia morrido e ele estava obrigado a sepultá-lo, escamoteando o motivo real, que era receber a herança, e também se foi...

Dez leprosos haviam recebido o Seu aval para a recuperação orgânica, e seguiram jubilosos, cantando hosanas, *mas*, só um voltou para agradecer, e não se sabe se ingressou nas fileiras da Boa-nova, porque outros objetivos o esperavam. E também se foi...

A multidão que O exaltou no momento da entrada triunfal em Jerusalém, desapareceu aos primeiros sinais de luta, abandonando o entusiasmo e os planos acalentados, *mas*, anelavam por coroá-lO seu rei. E se foram...

(...) E o *Seu Reino* não é deste mundo, onde os homens se transformam em chacais para tripudiarem e disputarem as carnes dilaceradas e em decomposição das presas que foram vencidas.

O *mas*, em relação a Jesus, é predomínio da *sombra* que paira nessa demorada infância psicológica dos indivíduos como pessoas e das massas como grupamentos.

Esse *mas* foi utilizado contra Ele pelos seus argutos e astutos adversários, que O admiravam, *mas* O invejavam, assacando então calúnias odientas, informando que Ele era representante de Satanás ante a impossibilidade de realizarem o que Ele fazia.

Suas palavras eram sábias, todos as reconheciam assim, *mas*, o despeito e a sordidez moral levavam-nos a deformá-las com declarações que não correspondiam à tradição nem ao orgulho da raça, que desprezava os gentios, todos os não judeus. E Ele era judeu... assim mesmo O crucificaram tomados pela *sombra coletiva* neles dominante.

Ele conhecia Herodes e Pilatos, Anás e Caifás, títeres do povo e dominadores de um dia no mundo que lhes parecia pertencer por um pouco, mas que perderiam pelo exílio, pela desonra política, pela morte, enquanto Ele o vivenciara com grandeza moral, a fim de alar-se ao *Reino dos Céus* que, sem dúvida, começa aqui neste mundo.

A Psicologia Profunda, metodológica e analítica, vê Jesus, o Homem, como triunfador, tirando d'Ele o que a ingenuidade cultural dos primeiros tempos havia-Lhe atribuído, como Deus, Seu filho Unigênito, para situá-lO no nobre lugar de Conquistador, que enfrentou todos os desafios e os venceu com afabilidade e energia, na Sua realeza moral, porque viera para lançar o hífen de luz entre as *sombras* do mundo e as Esferas de incomparável claridade.

(...) E Ele respondeu a Pilatos:

– *O meu Reino não é deste mundo* – pondo-o ao alcance de todos aqueles que o desejem alcançar, havendo nascido na Terra para dar o Seu testemunho.

nobre lugar de Conquistador que enfrentou todos os desafios e os venceu com «abilidade e energia, na Sua realeza moral, porque vieira para lançar o brilho de luz entre as sombras do mundo e as h. feras de incomparável claridade.

(...) E Ele respondeu a Pilatos:

— O meu Reino não é deste mundo — pondo-o ao alcance de todos aqueles que o desejam alcançar, havendo nascido na Terra para dar o Seu testemunho.

3
Realeza
Ev. Cap. II – Item 4

(...) Tu o dizes: sou rei; não nasci e não vim a este mundo senão para dar testemunho da verdade.
João, 18:37

A *sombra coletiva* sempre impõe aos homens e mulheres que lhe padecem as injunções, mediante aquela que lhes é própria, a disputa pela conquista dos lugares transitórios de proeminência e domínio no concerto social e na cultura de cada época, elevando os pigmeus atormentados que se notabilizam pelas excentricidades ou astúcias, perversidades ou heranças ancestrais para, deslumbrados e iludidos, exibirem o triunfo externo sobre as demais criaturas, embora, muitas vezes, sob os camartelos da frustração, do vazio existencial, das tormentosas ambições desmedidas.

Ser rei significava, no passado, a conquista de uma condição que se atribuía como *divina*, conforme os parâmetros da loucura, apresentando-se superior aos outros, que lhe deviam prestar subserviência, como se a sua fragilidade orgânica estivesse indene à presença do sofrimento, da solidão, da amargura, da velhice, da doença e da morte.

A exaltação do *ego* exacerbava-lhe os interesses e anestesiava-lhe o discernimento que, bloqueado, deixava a personalidade conduzir-se como se tudo à sua volta lhe devesse obediência e bajulação, crendo-se indestrutível...

Imaturos psicologicamente, tais indivíduos acreditavam nessa fantasia, disfarçando-se com indumentárias exóticas e nababas que, apesar disso, não lhes ocultavam as torpezas morais e torturas emocionais.

Frágeis, porém, sucumbiam ou eram despidos do poder mediante a mudança dos ventos políticos ou das paixões dos adversários que sempre vivem em disputas ferrenhas e doentias.

Ainda hoje é assim em todas as expressões comportamentais das variadas posições apresentadas pela política humana, seja na religião, na sociedade, na ciência, na educação, onde quer que se movimentem as criaturas sonhadoras vitimadas pelo jugo da *sombra*.

Pilatos representava, naquela circunstância, o poder temporal que o amarguraria depois, levando-o a sucumbir quando destituído mais tarde por outrem mais poderoso, ao sopro das anteriores brisas bonançosas que se transformaram em tempestades destruidoras.

A sua preocupação com Jesus estava assentada no medo de perder a governança, de ser vítima das contravenções que sustentava para manter o poder entre intrigantes e pérfidos que o vassalavam em expressivo número.

Diante daquele Homem compassivo e submisso, as suas projeções e receios desapareceram.

Ali não se encontrava um competidor vulgar, mas um triunfador sobre si mesmo, que não disputava nada porque já possuía o mais importante tesouro de paz.

Na sua fragilidade o condenado se apresentava forte e imbatível, amarrado e livre, lanhado e indiferente ao suplício, coroado de espinhos e nobre, ao mesmo tempo muito distante das questiúnculas miseráveis da *sombra*, cuja pergunta não poderia deixar de ser-Lhe feita: – *És, pois, rei?*

Desejava sabê-lo d'Ele próprio, porque os Seus inimigos O apresentaram como rei dos judeus, portanto, perigoso. A Sua resposta, porém, não deixava dúvida, ao afirmar que o Seu *Reino não é deste mundo.*

Aturdido com aquela sinceridade e com o Seu desinteresse pelas mentiras terrestres, não poderia sopitar a curiosidade de saber mais, de dar largas à *sombra*, tranquilizando-se em seu trono de infantilidade e de jogos que o distraíam com prazeres doentios.

Jesus, profundamente livre, elucidou, por fim: – *Não nasci e não vim a este mundo senão para dar testemunho da verdade. Aquele que pertence à verdade escuta a minha voz.*

A verdade espanca a *sombra*, ilumina a ignorância, liberta dos atavismos do inconsciente, é-lhe a chave única, preparando para a vida permanente, aquela que não se extingue com a presença da morte.

Jesus é o exemplo do ser integrado, perfeitamente destituído de um inconsciente perturbador. Todas as Suas matrizes arquetípicas vêm da herança divina n'Ele existente e predominante. A vida futura, portanto, é o delineamento essencial do Seu ministério, em razão da consciência da Sua realidade, por onde transita desde então, *aprisionado* ao corpo, mas inteiramente possuidor da faculdade de sintonia e contato com essa Causalidade.

A Sua trajetória é desenhada na certeza da vida espiritual, aquela que aguarda a todos, a que se insere no contexto das realizações, por ser fundamental na constituição dos ideais e das perspectivas da vida.

O Seu apostolado fixa-se no objetivo ôntico espiritual, no despojar dos condicionamentos e impregnações do trânsito corporal, que representa aprendizagem para alcançar a destinação que aguarda as criaturas terrestres.

Não houvesse a vida futura, nenhum significado existiria em Sua vida – em todas as vidas –, no esforço hercúleo para erguer o ser humano do seu primarismo e recomendar-lhe a incessante luta pela transformação moral, pela aquisição de mais apuradas percepções psíquicas, que se constituem elementos básicos para a constatação desse desiderato.

Essa meta, que deve ser alcançada, justifica todas as dificuldades e desafios existenciais, explicando a Justiça de Deus ante os acontecimentos humanos.

A ignorância dos contemporâneos de Jesus a respeito da Vida espiritual era muito grande e ainda hoje existem teimosas resistências, que preferem aceitar o *filósofo* Jesus ao Embaixador de Deus, com a missão específica de derruir as barreiras que dificultam a compreensão da essencialidade da existência corporal, das lutas que devem ser travadas com otimismo, superando em cada uma delas os patamares por onde cada um transita, buscando mais elevado nível de realização interior.

Para aqueles indivíduos, as compensações eram imediatas, como consequência de uma vida saudável ou não, em forma de privilégios ou de desditas, e remotamente examinando a possibilidade de uma variante eterna, de que tinham pouquíssimo ou praticamente nenhum conhecimento.

Submetidas as revelações proféticas aos impositivos históricos e culturais das necessidades prementes pelas quais lutavam, não havia realmente preocupação com o mundo causal, com a face espiritual profunda do ser em si mesmo. Por isso, contentavam-se com as suas querelas, ambições e correspondentes resultados terrestres.

Em razão desse limite de entendimento, o Homem-Jesus evitou aprofundar as lições libertadoras, oferecendo aquela que é essencial e está sintetizada no amor sob todos os pontos de vista considerado, preparando o advento de uma futura Nova Era, que se apresentaria através da expansão dos fenômenos mediúnicos, com o advento da Psicologia Espírita defluente da Doutrina codificada por Allan Kardec.

Jesus é o rei desse mundo real, que se manifesta através d'Ele em cada momento, que transcende ao convencional e habitual, de cujo entendimento, e somente assim, tem sentido a existência corporal, portanto, acima dos interesses e disputas mesquinhas do que é transitório e onde fermentam as paixões.

Ele aceitaria uma coroa de ironia, porque não necessitava de nenhuma que lhe cingisse a cabeça, pois que a Sua era uma trajetória superior, sem enganos, sem prejuízos, e

Sua governança permanecia após a morte do corpo físico, sem vicissitudes, sem malquerenças.

Além das formulações corriqueiras e comezinhas está sempre presente a Sua realeza e todos a bendizem, conformam-se com ela e pretendem alcançá-la, por sua vez, a fim de não experimentarem angústia ou perturbação, ansiedade ou desequilíbrio.

O cetro e a coroa que expressam o Reino de onde Ele veio e para onde deseja conduzir as *Suas ovelhas* como Pastor gentil que irá apresentá-las ao Supremo Criador, é o *amor* que encerra as mais completas aspirações existenciais do ser humano.

Nele não há lugar para condutas extravagantes e exigências descabidas; antes proporciona segurança de si mesmo no desempenho dos programas e condutas que a cada um dizem respeito.

Hálito divino, vibração que equilibra o Universo, o amor é a essência fundamental para a vida sob qualquer forma em que se expresse, liame de vinculação de todas as formas vivas com a sua Fonte Geradora.

Graças a essa energia constante que pulsa no Cosmo, se apresenta como identificação harmônica com as demais expressões de vida, em um verdadeiro hino de louvor e de engrandecimento ao Psiquismo Divino que a concebeu e elaborou.

Integrando as moléculas como condição de força de atração para a formação do conjunto, no ser humano é o sentimento mais profundo de afetividade que fomenta a felicidade e desenvolve o progresso, transformando a face áspera do planeta e desgastando as arestas das imperfeições que predominam em a natureza animal, a fim de se revelar em plenitude aquela outra que é de ordem espiritual.

Foi esse Reino de amor que Jesus-Homem veio instalar na Terra. Dessa forma, sem rebuços contestou ao interrogante atormentado, sob o impacto da *sombra*, envolvido pelo seu lado escuro da personalidade doentia:

– Sou rei; não nasci e não vim a este mundo senão para dar testemunho da verdade – que na sua definição profunda e penetrante é Deus.

4
Diversidade de moradas
Ev. Cap. III – Item 3

(...) Há muitas moradas na casa de meu Pai.
João, 14:2

A ingenuidade medieval explicava que as estrelas fulgurantes no Infinito eram *lâmpadas mágicas para iluminarem a noite por misericórdia de Deus.*

O conceito geocêntrico do Universo expressava o limite imposto pelo grau de desenvolvimento cultural e intelectual dos seres ainda presos aos interesses da sobrevivência em ambiente físico, social, político e religioso hostil e castrador das expressões de liberdade, de conhecimento e de felicidade que sempre se encontram ínsitos nos seres humanos.

Os dogmas perversos naquela cultura ainda primitiva, na qual predominava a força do poder temporal, mesclado com o religioso disfarçado nas *sombras coletivas* dos dominadores, impediam a compreensão do ensinamento de Jesus que procedia de outras Esferas, portanto, de uma feliz morada que a mente humana de então não dispunha de meios para entender.

Vivendo níveis de consciência muito primitivos, em *sono* e com leves *sonhos*, não era possível alcançar outros degraus, em razão do conhecimento e do pensamento se deterem nos estágios *primitivo* e *mitológico*, que constituíram base para o estabelecimento de alguns princípios religiosos mais compatíveis com as necessidades existenciais, relacionando-os interpretativamente com as propostas morais e espirituais neotestamentárias.

Sem recursos para *libertar o espírito que vivifica da letra que mata*, os teólogos mantinham as mentes encarceradas na sujeição às palavras e aos decretos audaciosos de reis e papas dominadores, antes que aos nobres postulados libertadores da consciência livre de peias, conforme Jesus viera ensinar, estabelecendo o primado do Espírito como fundamental para o progresso da Humanidade.

A Terra, então, considerada como centro do Universo, era o núcleo fundamental do pensamento cultural e religioso, estabelecendo que o *Reino dos Céus* se desenhava em torno do globo como se fosse também um dos áulicos girando à sua volta, sempre acima, porque abaixo se encontrava o inferno de punição eterna, compatível com a *sombra coletiva* encarregada de coibir o desenvolvimento e o comportamento da sociedade.

O homem, escravo de outros homens, mesmo que vivendo em liberdade, encontrava-se-lhes submetido e servil, sem o direito de alcançar a própria identidade, confundida nos conflitos ancestrais que o inconsciente coletivo e individual liberava em contínua aflição.

A Terra, segundo a mentalidade religiosa daqueles dias, era um *vale de lágrimas, um lugar de desterro*, naturalmente para alguns – aqueles que eram submetidos indefensos – enquanto aqueloutros que assim se expressavam locupletavam-se nos gozos ou deixavam-se arrebatar pelos conflitos masoquistas em que se consumiam, perdidos nos transtornos emocionais e sexuais que os perturbavam. Tornavam-se cruéis, em consequência, impondo castrações dolorosas que ainda remanescem através dos tempos em inúmeras condutas individuais e de diferentes grupos socioculturais.

A cristologia em que se fundamentava a Igreja antiga, e ainda permanece, apesar das atuais conquistas indiscutíveis da astrofísica, considerando Jesus-Deus – em total embriaguez conceptual que se opõe à realidade de Jesus--Homem, Filho e não Pai, não se diluindo no *mistério da Santíssima Trindade*, próprio ao pensamento mítico ancestral –, considerava que essas moradas poderiam ser identificadas como o Paraíso, o Purgatório e o Inferno, para onde eram recambiadas as almas após a morte física de acordo com a sua fidelidade ou o não cumprimento dos postulados evangélicos.

A pobreza e a aridez desse pensamento fanático olvidavam ou condenavam todos os povos nos quais as propostas de Jesus não haviam chegado e onde, por sua vez, predominavam os excelentes ensinos também libertadores de Krishna, Buda, Lao-Tsé, Confúcio, Hermes Trismegisto e muitos outros missionários do Bem e do Amor, cujas vidas expressavam a grandiosa anterioridade de sua procedência. Seus ministérios eram significativos e prenunciavam o momento de Jesus, que lentamente se inscreveria nos tempos afora, ampliando aqueles ensinamentos que O precederam.

Na perspectiva da Psicologia Profunda, todos eles foram libertadores das *sombras coletiva* e *individual*, sulcando o solo do *ego* para deixar que desabrochasse o *Self* e todas as suas implicações na consciência geral.

Psicoterapeutas especiais preconizavam o amor e a sabedoria como métodos essenciais para a plenitude, embora sob diferentes colocações que, sem dúvida, levam à mesma unidade do pensamento condutor da Divindade.

Intuídos pela percepção extrassensorial, e alcançando o estágio *numinoso*, contribuíram decisivamente para o adiantamento espiritual de milhões de vidas que se encontravam na ignorância da realidade, e alteraram o comportamento geral, deixando marcas especiais de entendimento das Divinas Leis e da Regência do Cosmo.

Disciplinando a vontade mediante experiências psíquicas vivas e intercâmbio seguro com os Espíritos, alcançaram a Realidade e embriagaram-se de alegria no corpo, de que se utilizavam momentaneamente a fim de retornarem ao estado de plenitude definitiva que haviam antegozado.

Na meditação e na educação dos instintos conseguiram desprender-se parcialmente dos elos retentivos da matéria, mesmo enquanto a habitavam, trazendo das Esferas vivas por onde transitavam as mais belas lições de harmonia e de felicidade, que constituíam motivo e atração para o retorno após a execução dos compromissos vivenciados no mundo.

Jesus e o Evangelho à luz da Psicologia Profunda

Jesus o sabia, e denominou-os como *ovelhas que não pertencem a este rebanho*, referindo-se aos presunçosos contemporâneos que se atribuíam a paternidade divina com desdém pelos demais povos, que certamente teriam outra ascendência, o que constitui um absurdo, partindo-se do pressuposto de que Deus é Pai e Criador de tudo e de todos.

A existência terrena deve ser vivenciada com prazer e emoção, em face da riqueza de experiências que oferece, auxiliando o Espírito a desenovelar-se das faixas inferiores das paixões. Não se trata do prazer que se afigura como vício, crime ou hediondez, mas da conduta daquele que o frui, não se deixando devorar pelo hedonismo imediatista, mas experienciando o júbilo dos gozos que estimulam ao avanço e compensam os cansaços e desaires dos empreendimentos humanos.

Jesus-Homem não apresentou métodos, técnicas, condutas especiais para conseguir-se o Reino. Ele é tudo isso, viveu todas essas expressões, apontando as muitas moradas que existem na Casa do Pai.

Referiu-se, indubitavelmente, aos *mundos habitados* que povoam o Universo, graças aos milhões de galáxias que surgem umas e se consomem outras, absorvidas pelos *buracos negros*, exaltando a incomparável e insuperável glória da Criação.

Quanto mais primitivo o *princípio espiritual*, mais grosseiro é o mundo em que deve habitar, a fim de experimentar o desabrochar dos conteúdos psíquicos nele jacentes, que se vão desenvolvendo conforme os fatores mesológicos e circunstanciais, guiado pelo fatalismo da evolução que nele existe, ascendendo na escala da evolução e transferindo-se de um para outro mundo conforme a necessidade do seu progresso que jamais se encontra estanque.

Mundos, sim, existem, que podem ser considerados infernais, tendo-se em vista as condições de habitabilidade, para onde são recambiados os Espíritos calcetas e renitentes, que sintonizam com o seu psiquismo, ali se depurando dos instintos mais asselvajados, porém, ascendendo depois a outras estâncias purgatoriais, menos severas e mais compatíveis com o programa de desenvolvimento espiritual até alcançar aqueles que são felizes, onde não mais existem dores nem vazios existenciais, infortúnios ou ambições inúteis.

O bem e o mal – essa dualidade *luz e sombra* –, em que se debate o Espírito humano, representam o futuro e o passado de cada ser humano no trânsito evolutivo. O primeiro, à luz da Psicologia Profunda, é o autoencontro, a liberação do *lado escuro* plenificado pelo conhecimento da verdade, enquanto o outro são as fixações do trânsito pelos *instintos primários*, que ainda vicejam nos sentimentos e na conduta, aguardando superação.

Examinando-se o planeta terrestre, onde se debatem as forças do bem e do mal, constatamos ser ele uma escola de provas e de depurações cujas lições de aprimoramento ocorrem mediante o império do sofrimento, mas que podem converter-se ao impositivo do amor em conquistas permanentes, felicitadoras.

Na razão direta em que o *Self* predomina sobre o *ego*, e as lições de Jesus são essenciais a essa mudança, a essa superação de paixões, menos materializado se torna o Espírito, que aprende a aspirar a mais altas especulações e conquistas ambicionando o Infinito.

Procedente de outra morada ditosa e superior à terrestre, denominada *Reino dos Céus*, Jesus-Homem, exemplo de amor e de abnegação, sem subterfúgios e com decisão, veio convidar as Suas criaturas a segui-lO, pois que, somente assim alcançariam Deus pelo conhecimento e pelo sentimento, integrando-se no psiquismo superior que d'Ele dimana.

Com toda justeza, portanto, considerando a ignorância humana, e elucidando quanto à necessidade da plenitude, explicitou que *há muitas moradas na casa de meu Pai,* em convite subliminar, ao mesmo tempo direto, para que todos se empenhassem por alcançá-las.

5
RENASCIMENTOS
Ev. Cap. IV – Item 25

*(...) Ninguém pode ver o Reino de Deus
se não nascer de novo.*
João, 3:3

Jesus, em qualquer situação em que se apresenta no Evangelho, é sempre o Psicoterapeuta por excelência, o Instrutor incomparável que penetra o âmago do aprendiz com a lição que transmite, o Companheiro paciente e generoso, o Mestre que vivencia todas as informações de que se faz mensageiro.

Jamais a *sombra coletiva* dos tempos em que viveu assumiu qualquer papel no comportamento que mantinha diante daqueles que O buscavam.

Profundamente conhecedor da natureza humana que se Lhe desvelava ao olhar percuciente e penetrante, utilizava de linguagem correspondente ao grau e à necessidade do interlocutor. Tanto recorria às imagens simples e cativantes das *redes do mar, dos lírios do campo, das sementes de mostarda, da videira e das varas*, num simbolismo inigualável, quanto àquela de profundidade de conceito e de forma, recorrendo às expressões diretas e complexas com que demarcava o ministério, abrindo perspectivas futuras.

Consciente da revolução que deveria provocar nos Espíritos humanos, considerava-os a todos dignos do contato com a Mensagem libertadora, preparando os dias porvindouros e fincando os alicerces da sabedoria no cerne mais sensível de cada interessado.

Em Jericó, acompanhado por uma turbamulta que se disputava aproximar-se d'Ele entre empurrões e xingamentos, um cego bradou por misericórdia, temendo perder a oportunidade incomum, e apesar dos obstáculos que o impediam de acercar-se, foi atendido, recuperando a vista ante o deslumbramento de todos.

Em Gadara, atravessando um cemitério abandonado, chamado nominalmente por uma Legião de Espíritos infelizes, confabulou com eles, aplacando-lhes a fúria e curando o alienado por obsessão.

A um sacerdote mesquinho que desejou experimentá-lo, interrogando o que deveria fazer para entrar no *Reino dos Céus*, Ele devolveu a pergunta, interessado em saber o que estava escrito na Lei, e, após os enunciados apresentados pelo interrogante, estabeleceu que é necessário fazer ao próximo o que desejaria dele receber. Ante a pertinácia sofista do astuto, que fingia ignorar quem era aquele a quem se referia, narrou a incomparável *Parábola do Bom Samaritano*, lecionando Psicologia Profunda de amor sem discriminação.

Jesus e o Evangelho à luz da Psicologia Profunda

A Nicodemos, que era rabino e doutor da Lei, fátuo, mas interessado em conhecer a verdade, desnudou-a com audácia, quanto à necessidade de *nascer de novo*, de volver ao proscênio terrestre, a fim de reeducar-se, de reconsiderar atitudes, de aprofundar conhecimentos, de libertar o *Eu profundo* dos fortes grilhões do *ego*, sempre hábil na maneira de esconder os próprios interesses, dissimulando adesão, quando apenas foge à transformação a que se deve submeter.

Um estudo acurado de lógica rompe a forma em que se expressou, não deixando margem à dúvida, antes revelando ser esse renascimento a chave de penetração no conhecimento da Realidade, que decifra o enigma do destino humano e apresenta a causalidade dos fenômenos orgânicos, emocionais e psíquicos conforme se expressem.

No processo de crescimento moral, através da reencarnação, o ser aprimora os conteúdos íntimos, lapidando as arestas e libertando-se das várias camadas de inferioridade por onde transitou ao longo da jornada evolutiva, quando se foi despindo dos condicionamentos e impulsos para alcançar a consciência da razão e do discernimento, antegozando o período futuro da intuição ou integração na Consciência Cósmica.

Naturalmente, há muitos renascimentos em uma mesma existência. A cada momento o ser psicológico renova-se, quando trabalhado pelos valores éticos e libertado da *sombra* que o confunde, constituindo esse esforço uma nova existência de conquistas e de transformações a que se submete. No entanto, nenhuma paráfrase pode substituir o sentido profundo do *nascer da carne, do nascer do Espírito, qual o vento que sopra onde quer e ninguém sabe de onde vem nem para onde vai...*

Nicodemos, despertando ante a resposta, compreendeu-a de tal forma que, lúcido, volveu à interrogação:

— *Como pode nascer um homem já velho? Pode tornar a entrar no ventre de sua mãe para nascer segunda vez?*

Porque era mestre entre os doutores e intérprete da Lei, não lhe poderia ser estranha essa informação, porquanto a tradição já a exarara em outra maneira de expressar esse fenômeno. Agora, porém, era discutido sem qualquer escamoteação ou subterfúgio, diretamente, a fim de que ficasse estabelecida a diretriz que ilumina os meandros mais escuros do comportamento humano e projeta misericórdia nas mais graves ocorrências agressivas e infelizes.

A Psicologia Espírita, apoiada na experiência de laboratório, semelhantemente a outras doutrinas palingenésicas, toma o *nascer de novo* como paradigma para a sustentação da Divina Justiça e para o mecanismo experiencial da conquista do *Eu profundo*, cada vez mais sutil e triunfador sobre as dificuldades do processo de desenvolvimento pessoal, demonstrando que todo efeito provém de uma causa semelhante, e a cada semeadura corresponde uma colheita equivalente.

Inutilmente a precipitação dogmática tentou elucidar que a resposta referia-se à notícia da ressurreição, quando após a noite da morte raiaria a madrugada da continuação da vida, permitindo àqueles que sucumbiram volverem à realidade espiritual.

No seu sentido integral, a ressurreição se apresenta na mensagem neotestamentária sob dois aspectos: a daqueles que retornam em corpo espiritual e confirmam a sobrevivência da vida, e a outra, em que o Espírito se reveste de matéria, a fim de dar prosseguimento aos processos da conquista de patamares mais elevados do sentimento íntimo.

A primeira se apresenta como *ressurreição dos mortos*, enquanto a segunda se expressa como *ressurreição da carne*, mediante o retorno em corpo físico, estruturalmente constituído pelo Espírito que o veste.

Essa realidade propõe à Psicologia Profunda nova interpretação dos conteúdos conflitivos da personalidade e da existência da *sombra*, porque originários no grande rio caudaloso da evolução espiritual, através da qual o ser experiencia diferentes estágios, vivenciando diversas expressões fenomênicas compatíveis com a manifestação de consciência até quando adquira lucidez.

Muitos dos distúrbios psicóticos e neuróticos, superficiais ou profundos, estão sediados nas estruturas vibratórias das vivências transatas, quando houve delito ou tragédia, que se imprimiram nos painéis do inconsciente profundo – as tecelagens ultradelicadas do perispírito – e ficaram adormecidas nos refolhos do ser ou programaram a organização psicofísica com os fatores correspondentes à necessidade de terapia moral.

Aprofundando-se a sonda na investigação da origem de algumas psicogêneses de diferentes enfermidades físicas, emocionais e psíquicas, defrontar-se-á com a existência da vida antes do berço e a sua continuação após o túmulo.

Todos os seres animais e humanos experimentam esse impositivo dos renascimentos sucessivos de forma a se aprimorarem e alcançarem o estado de consciência cósmica.

Jesus-Homem, que nunca se reencarnara antes na Terra, apresenta-se-nos como o Ser integrado, que houvera adquirido conhecimento e amor, e viera experimentar provações e ultrajes, a fim de conseguir êxito na tarefa que Lhe fora confiada por Deus, como administrador e condutor do planeta em que se hospedava.

Havendo logrado superar as paixões anteriormente, enfrentou a *sombra coletiva*, sem tormento da presença da *sombra pessoal*, pela faculdade de encontrar-se em posição superior, não obstante, sem fugir a todas as provocações e perseguições, asperezas e confrontos, sofrendo e compreendendo essa necessidade característica do comportamento humano, que Ele viera para modificar. E nenhum recurso é mais poderoso e didático do que aquele através do qual alguém oferece a própria vida, a fim de conquistar aqueles que recalcitram e estão empedernidos na mesquinhez do egoísmo e na cegueira do orgulho mórbido.

Esse Homem-Jesus, perfeitamente ao alcance do entendimento humano de todos os tempos, tornou-se o protótipo que deve ser seguido e vivido, ao tempo em que, atraente, arrasta para o Seu convívio todos aqueles quantos se encontram sob o magnetismo da palavra e da vida com que lhes brinda.

A reencarnação, desse modo, é também processo psicoterapêutico de amor divino, de justiça magnânima, que a todos faculta os meios de evoluir a esforço pessoal, dignificando e identificando cada criatura com as suas conquistas pessoais intransferíveis, que se desenvolvem mediante a liberação da retaguarda das trevas de ignorância e de perversidade no rumo de um permanente presente de realizações e de paz.

Jesus e o Evangelho à luz da Psicologia Profunda

Esse Jesus-Homem desvelador dos escuros meandros do ser profundo, não se apresenta hoje como ontem, na condição de miragem, de ser mitológico impenetrável, misterioso e complexo, mas sendo um aliado do homem e da mulher aflitos da estrada do progresso. Não realiza por eles as espinhosas tarefas que lhes dizem respeito, não os liberta da inferioridade a passe de mágica, de arrependimento ou de valores terrestres; apesar disso, benigno e amoroso, ensina como conseguirem a autoestima, a autoiluminação, a autoentrega, facultando-lhes encontrar a paz e vivê-la.

Libertador de consciências, propõe que cada um supere a própria *sombra*, porque *ninguém pode ver o Reino de Deus se não nascer de novo*, o que pode significar *limpar-se* das mazelas conflitivas mediante a psicoterapia do amor e da caridade, desfrutando desde logo de harmonia plena.

6
A DESGRAÇA REAL
Ev. Cap. V – Item 24

(...) Pois que serão saciados.
MATEUS, 5:6

Desgraça é todo acontecimento funesto, desonroso, que aturde e desarticula os sentimentos, conduzindo a estados paroxísticos, desesperadores.

Não somente aqueles que se apresentam trágicos, mas também inúmeros outros que dilaceram o ser íntimo, conspirando contra as aspirações do ideal e do Bem, da fraternidade e da harmonia íntima.

Chegando de surpresa, estiola a alegria, conduzindo ao corredor escuro da aflição.

Somente pode avaliar o peso de angústias aquele que lhes experimenta o guante cruel.

Há, no entanto, desgraças e *desgraças*. As primeiras são as que irrompem desarticulando a emoção e desestruturando a existência física e moral da criatura que, não raro, sucumbe ante a sua presença; e aqueloutras, que não são identificadas por se constituírem consequências de atos infelizes, arquitetados por quem ora lhes padece os efeitos danosos. Essas, sim, são as desgraças reais.

Há ocorrências que são enriquecedoras por um momento, trazendo alegrias e benesses, para logo depois se converterem em tormentos e *sombras*, escassez e loucura. No entanto, quando se é responsável pela infelicidade alheia, ao trair-se a confiança, ao caluniar-se, ao investir-se contra os valores éticos do próximo, semeando desconforto ou sofrimento, levando-o ao poste do sacrifício, ou à praça do ridículo, a isso chamaremos desgraça real, porque o seu autor não fugirá da própria nem da Consciência Cósmica.

Assim considerando, muitos infortúnios de hoje são bênçãos, pelo que resultarão mais tarde, favorecendo com paz e recuperação o déspota e infrator de ontem, em processo de reparação do mal praticado.

Sob outro aspecto, o prazer gerado na insensatez, os ganhos desonestos, as posições de relevo que se fixam no padecimento de outras vidas, o triunfo que resulta de circunstâncias más para outrem, os tesouros acumulados sobre a miséria alheia, os sorrisos da embriaguez dos sentidos, o desperdício e abuso ante tanta miséria, constituem fatores propiciadores de dolorosos efeitos, portanto, são desgraças inimagináveis, que um dia ressurgirão em copioso pranto, em angústias acerbas, em solidão e deformidade de toda ordem, pela necessidade de expungir-se e reeducar-se no respeito às Leis soberanas da Vida e aos valores humanos desrespeitados.

O Homem-Jesus não poucas vezes chamou a atenção para essa desgraça, não considerada, e para a felicidade, por enquanto envolta em problemas, mas única possibilidade de ser fruída por definitivo.

Todos os que choram, os famintos e os sequiosos de justiça, os padecentes de perseguições, todos momentaneamente em angústia, logo mais receberão o quinhão do pão, da paz, da vitória, se souberem sofrer com resignação, após haverem resgatado os compromissos infelizes a que se entregaram anteriormente, e geradores da situação atual aflitiva.

Aqueles, porém, que sorriem na loucura da posse, que se locupletam sobre os bens da infâmia e da cobiça, que são aplaudidos pelas massas e anatematizados pela consciência, oportunamente serão tomados pelas lágrimas, pela falta, pelo tormento...

São inderrogáveis as Leis da Vida, constituindo ordem e harmonia no Universo.

O Homem-Jesus, não poucas vezes, diante dos falsamente venturosos, dominadores de um dia, assim como dos amargurados e desditosos, chorou o pranto da compaixão e da misericórdia, por conhecer as causas desencadeadoras de uma como de outra conduta, no futuro chegando ou no presente agindo, inexoravelmente.

No Horto das Oliveiras misturou Suas lágrimas com a sudorese sanguinolenta pela dor experimentada e por compaixão pelos Seus algozes, *que não sabiam o que estavam fazendo.*

Não se tratava de um *deicídio*, como se vem tentando impor ao pensamento histórico, mas de um crime hediondo, e este é sempre cruel e perverso, quando praticado contra todo e qualquer indivíduo, pior ainda, quando desencadeado contra Quem somente amou, justo e pacífico, havendo vivido sob as tenazes da impiedade, do despeito e da vingança dos inimigos gratuitos...

Aquele homicídio traria, como ocorreu para Israel, consequências funestas, por haverem os seus filhos perdido a oportunidade rara, ademais por transformarem-na em hediondez por capricho de raça, orgulho de prestígio político, interesses comerciais do Templo.

O Homem-Jesus chorou, sim, várias vezes, o que, aparentemente, não é uma atitude masculina, a qual a chancela da tradição havia investido de frieza ante os acontecimentos, de insensibilidade diante das ocorrências.

Em muitas Academias de Medicina do mundo, por muito tempo se convencionou que o esculápio devia ser alguém que não participasse emocionalmente do drama do seu paciente, que não se envolvesse com ele, para que se fizesse profissional, como se fosse possível dissociar o humano do social, o ser em si mesmo daquele que desempenha o papel de curador.

Resultaram consequências terríveis naqueles homens e mulheres que se viram obrigados a asfixiar as emoções, anular os sentimentos e parecer *estátuas de sal* diante da dor do seu próximo. Não poucos se neurotizaram, se debilitaram, se autodestruíram.

O médico é sacerdote do amor, que deve curar não apenas mediante os conhecimentos acadêmicos e as substâncias de laboratório, mas sobretudo através do sentimento de humanidade, de compaixão, de solidariedade, de convivência, de sorriso, de entendimento e fraternidade.

Quase todos os pacientes necessitam mais de uma palavra de consolação do que de um barbitúrico, de um antibiótico ou de um outro medicamento restritivo, mesmo

Jesus e o Evangelho à luz da Psicologia Profunda

porque, não poucas enfermidades resultam da somatização de conflitos, de problemas e aflições não extravasados. Um sorriso e uma palavra gentis são tão poderosos para acalmar uma dor quanto um anestésico.

Jesus-Terapeuta sabia-o, e por isso participava, sentia, compartilhava, convivia, discutia, escutava a dor de todos quantos d'Ele se acercavam. Nunca os impediu, nem mesmo às criancinhas bulhentas e irresponsáveis na sua infantilidade, abrindo os braços para recebê-las, por entender que muitas negativas e atitudes rudes para com elas transformam-se em vigorosos traumas que surgirão no futuro.

Há fome de amor e de compreensão, mais talvez do que de pão e de justiça, porque a sua presença na Terra é resultado da ausência desses sentimentos geradores das injustiças sociais, morais e econômicas.

Quando os sentimentos de solidariedade humana se tornarem ativos no organismo da sociedade, multiplicando os bens acumulados que serão distribuídos equanimemente, não haverá escassez de alimentos nem de paz, porque todos os homens se sentirão irmãos, protegendo-se e ajudando-se uns aos outros com o mesmo espírito de direitos e desincumbência de deveres.

A maneira providencial para vencer-se a desgraça de qualquer tipo é o comportamento no presente, mesmo que a preço de sacrifício e renúncia, construindo-se o futuro harmônico.

O canto das *Bem-aventuranças* é o poema de maior destaque na constelação dos discursos de Jesus.

Nele começa a real proposta da Era Nova, quando os valores éticos serão realmente conhecidos e respeitados, facultando ao ser humano compreender a transitoriedade do *carro físico* a que se encontra atrelado momentaneamente e a perenidade da vida em outra faixa vibratória.

Jesus, que vivia as duas dimensões com naturalidade, transitando de uma para outra através do pensamento, testificou a necessidade de superação do invólucro carnal, convidando a que se acumulassem os tesouros morais, que nada consegue destruir, nem se oxidam ou se perdem.

Ele próprio, embora respeitasse os bens terrenos, nada amealhou para si, nem se preocupou com o dia de amanhã do ponto de vista econômico, material. Certamente não conclamava à imprevidência, induzindo ao parasitismo social, mas demonstrando a inutilidade de alguém afligir-se pela aquisição do que era secundário em detrimento do indispensável.

Por isso mesmo harmonizou as duas necessidades.

Durante o outono e o inverno trabalhou na carpintaria que herdara do genitor terrestre e, nos dourados e perfumados dias de primavera e verão, distribuiu os luminosos recursos que lhe foram legados pelo Pai Criador.

Não se permitiu a ociosidade nem se facultou o desperdício.

(...) E contemplando a multidão de famintos de pão, peixes e frutas secas, concluiu *que eles serão saciados* no Reino da justiça plena e da harmonia perene.

7
O JUGO LEVE
Ev. Cap. VI – Item 7

*Vinde a mim, todos vós que estais aflitos e
sobrecarregados, que eu vos aliviarei.*
Mateus, 11:28

Jesus humanizado é o *grande médico das almas*, que as conhecendo em profundidade, apresenta a terapia recuperadora, ao tempo que oferece a libertadora, que evita novos comprometimentos.

Conhecendo a causalidade que desencadearia as aflições, que são consequências funestas das ações anteriores infelizes que as geraram, propõe como recurso melhor, para a total liberação do seu contingente perturbador, a conquista da luz interna, superando toda a *sombra* que campeia nas consciências.

Essa claridade incomparável capaz de anular todos os prejuízos e evitar novas projeções de sofrimentos é o cultivo do amor, sustentado pela oração que se converte em canal de irrigação da energia que procede de Deus e vitaliza a criatura humana.

Com esse recurso incomparável, a docilidade no trato com o semelhante permite que as Forças espirituais que promanam das imarcescíveis regiões da plenitude alcancem a intimidade daquele que ora, nele produzindo o *milagre* da harmonia e da claridade interior permanentes.

O Homem-Jesus, absolutamente lúcido e conhecedor do *Self* que lhe mantinha a organização humana, era todo luz, não havendo qualquer espaço *sombra*, o *lado escuro* que devesse ser penetrado, a fim de erradicar mazelas, desde que o houvera superado em experiências multifárias nas Esferas Superiores de onde provinha.

Encarnando-se na Terra, não fugiu ao confronto com as imposições dominantes entre os Seus coevos, mantendo-se imperturbável, mas não insensível aos seus desmandos e irreflexões, loucuras e infantilidades evolutivas, razão por que procurava extirpar do cerne das vidas que O buscavam os agentes geradores das aflições que as esmagavam, e os levavam à hediondez, ao crime, à mentira, ao ódio, novos desencadeadores de futuras inquietações.

O Seu fardo se fazia leve, porque estruturado em claridade diamantina, sem qualquer contingente de tormento, ensejando o alívio imediato ao penetrar na projeção do Seu pensamento irradiante que cindia toda treva.

N'Ele estavam os recursos valiosos para a saúde espiritual, consequentemente, de natureza moral, emocional, física...

O ser humano é o somatório das suas aspirações e necessidades, mas também o resultado de como aplica esses recursos que o podem escravizar ou libertar.

A predominância da *sombra*, ou do *lado escuro*, é efeito compreensível da ignorância ou do acumpliciamento com o crime, derivado da preservação dos *instintos primários* em predominância no seu comportamento.

Enquanto não seja diluída essa *sombra*, facultando o entendimento das responsabilidades e dos compromissos que favoreçam o progresso, mais se aturde na escuridão aquele que deseja encontrar rumos que não são visíveis.

A sua existência se torna um pesado fardo para conduzir, um tormento mental e conflitivo na consciência entenebrecida.

O amor, que significa conquista emocional superior, rompe a densidade da ignorância, enquanto a oração dilui as espessas ondas escuras que envolvem o discernimento.

Mediante o amor, o ser descobre o sentido existencial, tornando-se humano, isto é, adquirindo sentimento de humanidade com libertação da alta carga de animalidade nele prevalecente, compreendendo a necessidade de compartir com o seu irmão o que tenha, mas também de repartir quanto o enriquece.

Através da oração identifica-se com outras ondas psíquicas e impregna-se de energias saturadoras de paz, bem como enriquecedoras de alegria de viver e de crescer no rumo da plenitude.

A soberba, filha dileta do egoísmo, que lhe faculta atribuir-se um valor que ainda não possui, cede lugar à humildade, que o ajuda a visualizar a grandeza da Vida e a pequenez em que ainda se debate, incitando-o à coragem e à abnegação, como o devotamento às causas de enobrecimento em que se engajará, buscando os objetivos reais agora vislumbrados e fascinantes.

Toda a terapêutica proposta por Jesus é libertadora, total e sem recuo. Ele não se detém à borda do problema, mas identifica-o, despertando o problematizado para que não reincida no erro, no comprometimento moral com a consciência, a fim de que *não lhe aconteça algo pior*, quais sejam a amargura sem consolo, a expiação sem alternativa, o impositivo do resgate compulsório.

Esse Homem singular sempre foi peremptório na proposta da decisão de cada um, respeitando o livre-arbítrio, o direito de escolha que é inalienável, definindo os rumos da felicidade terrena, que prosseguiriam no *Reino dos Céus*, ou demonstrando que através do sofrimento resignado, bem vivido, já se devassavam as fronteiras do *Reino*, embora ainda no mundo físico.

Essa visão de profundidade define o Messias nazareno como a *Luz que veio ao mundo e o mundo a recusou*, preferindo a densidade do nevoeiro envolvente e alucinante.

Sóbrio e austero, sem dureza ou crueldade, sempre compassivo, mas não conivente, demonstrou pelo exemplo como viver-se em equilíbrio e morrer-se em serenidade, mesmo que através de qualquer flagício imposto.

Ninguém houve que mantivesse tanta serenidade na alegria da pregação da Boa-nova, sem a exaltação que tisna a beleza do conteúdo da Mensagem ou receio de que ela demorasse a se implantar no coração da Humanidade, não importando o tempo que fosse necessário, o que, realmente, é de significado secundário.

O Espírito é eterno, e a relatividade temporal é sempre sucedida pela sua perenidade.

Feliz aquele que opta por experimentar o bem-estar no momento em que respira e entende; desditoso aquele que, conhecendo a forma para tornar-se pleno, posterga a oportunidade, aguardando os impositivos inevitáveis da sujeição e do sofrimento para resolver-se pelo adquirir o que rejeitara anteriormente.

Sob outro aspecto, Ele nunca se apresentou como solucionador de problemas, antes invitou todos a fazerem a sua parte, a se responsabilizarem pelos próprios deveres, tornando-se o Educador que sempre se fez compreender, nunca transferindo responsabilidades que a cada qual pertencem, como mecanismos falsos para atrair ou gerar proselitismo em torno da Sua pessoa.

Diferindo de todos os demais homens, não se revestiu de aspecto excêntrico ou tomou atitudes aberrantes para chamar a atenção, mantendo-se sempre o mesmo, preservando o critério da seleção natural pelo mérito de cada discípulo que se Lhe associasse ao Ministério.

Era compreensível, portanto, que a comunidade judaica do Seu tempo e a sociedade quase em geral de todos os tempos não aceitassem o Seu método. Acostumados que se encontram os homens ao vazio do comportamento moral, às concessões da mentira e da bajulação, aos esconsos compromissos seletivos, viam-nO e ainda O veem alguns indivíduos como um violador dos costumes – infelizes, é certo – que predominam nas consciências *ensombradas* de governantes insensatos e das massas desgovernadas.

Não obstante, Ele permaneceu fiel ao Seu compromisso, sem o alterar para iludir ou arrebanhar simpatizantes.

Sua austeridade e misericórdia conquistavam naturalmente sem promessas mentirosas nem concessões inúteis, dando o primeiro sinal para o despertar para a Verdade, passo indispensável para futuras revoluções internas que seriam operadas no cerne de cada qual.

É incomparável Jesus, o responsável pelo *fardo leve*, em razão da Sua autoridade moral, ainda não totalmente reconhecida pela Psicologia Profunda como o Homem de palavras claras, de ensinamentos sem dubiedades, de vivência sem recalques ou fugas.

Veio *instruir e consolar* mediante o exemplo de dedicação, jamais se acomodando ao *modus vivendi* e *operandi*, abrindo sulcos novos no solo dos corações para neles ensementar as palavras seguras e medicamentosas para a preservação da saúde e da vida.

Ante os desafios mais vigorosos e as situações mais inclementes, não desistir dos ideais de beleza, não ceder espaço ao mal, não negociar com as *sombra*s, permanecendo-se verdadeiro, luminoso, de consciência reta, decidido – eis a Sua proposta, conforme Ele próprio a viveu.

Sendo o *Caminho*, único, aliás, para chegar-se a Deus, não teve outra alternativa senão afirmar:

– *Vinde a mim, todos que estais aflitos e sobrecarregados, que eu vos aliviarei.*

8
O MAIOR
Ev. Cap. VII – Item 6

*(...) Aquele, portanto, que se humilhar e se tornar
pequeno como esta criança será o maior no Reino dos Céus...*
Mateus, 18:4

A supremacia do *ego* conduzindo o indivíduo faz que este se aferre às paixões primevas, das quais decorrem as ambições descabidas, os interesses mesquinhos, as quimeras...

Encharcado pelos fluidos grosseiros da matéria, o ser tem dificuldade de superar esses impositivos, disputando, na área das lutas pueris, a supremacia da sua vaidade e dos procedimentos que lhe caracterizam a faixa de evolução moral ainda retrógrada.

Ocultando a *sombra,* mantém-se vinculado aos formalismos, às tradições, às aparências, embora os conflitos sub-reptícios em que agoniza.

A necessidade de impor-se, de destacar-se no grupo social anula o discernimento, abrindo campo mental e emocional para fruir gozos e lucros pessoais em todos os empreendimentos nos quais se vê envolvido.

Resultado da *sombra coletiva* que se responsabiliza pelos comportamentos doentios dos povos, a sua diluição exige contínuos esforços, de modo a se aclararem as situações amesquinhantes que têm pairado sobre a sociedade no transcurso dos tempos.

Lentamente, porém, o Deotropismo atrai homens e mulheres nobres que rompem com o *status quo* perturbador, apresentando horizontes felizes que conduzem à reabilitação do ser humano, facultando-lhe mais amplas conquistas de harmonia e dignidade.

Jesus enfrentou essa terrível herança ancestral em soberano governo sobre as consciências dos Seus contemporâneos.

Submetidos aos caprichos das leis arbitrárias e punitivas, na sua crueldade e rudeza, estabeleceram a relatividade dos valores humanos – o que, de certo modo, ainda permanece na Terra, especialmente quando da irrupção das guerras hediondas que submetem uns à dominação de outros –, permitindo-se subestimar aqueles que lhes não pertencessem à casta, à raça, à religião, em famigerados preconceitos que os dividiam e amesquinhavam os considerados inferiores.

No rol das propriedades estabelecidas nessa sociedade primitiva e em processo de crescimento moral, as mulheres, as crianças e os escravos não desfrutavam de quaisquer direitos ou de mínima consideração, antes servindo como alimárias desprezíveis...

Subestimados, constituíam carga que se poderia vender, transferindo-se de mãos sem o menor respeito pela sua condição de humanidade.

A identidade predominante era a da força brutal, remanescente da selvageria que se impôs nos primórdios do desenvolvimento antropológico.

A *sombra coletiva* conduzia ao desvario, ao total vilipêndio do sentido humano de comportar-se e de conduzir o seu próximo.

Jesus, o Homem nazareno, deparou-se com essa terrível situação espiritual e cultural, enfrentando a hediondez e o crime que são alguns dos disfarces da ignorância, quando esta predomina em a natureza da criatura.

Ele iria reverter essa situação ignóbil, arrostando as consequências, assim como espancando a de natureza individual com o esclarecimento, a liberdade de consciência e a dignificação do próximo.

Os valores são de natureza profunda e não aqueles que se conquistam pela insânia da barbárie, como espólio de vitórias escabrosas, resultados de aventuras torpes.

Ele teve a coragem de engrandecer a mulher, quando todos a vituperavam, destacando-a com o respeito e a consideração merecidos, e que lhe eram negados, rompendo a hipocrisia, os prejuízos sociais e os caprichos inferiores que se tornaram regra de conduta nessa sociedade, tumultuada pelos conflitos internos e externos, encharcada de orgulho e intoxicada de presunção.

Investiu contra essa *sombra coletiva*, definindo que a fragilidade e a inferioridade atribuídas à mulher, eram resultado da dubiedade moral do próprio homem, que assim projetava a sua fraqueza nela, em vez de ter a coragem de autoenfrentar-se, para combater o defeito de evolução e a falta de maturidade psicológica.

Era, aparentemente, mais fácil e mais cômodo atacar a projeção da imagem detestada noutrem do que, identificando-a no imo, trabalhar por superá-la. É sempre uma atitude sórdida combater a projeção antes que a realidade geradora, a sua causa.

Jesus sempre se comoveu diante da mulher, construtora da Humanidade, a quem era negada a oportunidade de demonstrar o seu potencial, em razão da *sombra bíblica*, que lhe projetara a culpa pela defecção do homem no Paraíso mitológico, seu arquétipo ancestral.

Na perspectiva da Psicologia Profunda, a ojeriza à criança e o repúdio a que se via submetida, igualmente caracterizavam o conflito dos adultos, temerosos da velhice, da doença, da morte, por efeito, de serem substituídos pelos infantes de então.

Jesus utilizou-se da criança como modelo de pureza, de inocência, em razão de ainda não haver penetrado no uso da razão, do discernimento do Bem e do Mal – essa fantástica conquista do *Self* – não obstante as experiências anteriores na sua condição de Espírito imortal que é. Repetidas vezes, referia-se-lhe com expressões enobrecedoras, exaltando-lhe a pulcritude e determinando que nunca a expulsassem da Sua presença, pois que também era digna de participar do banquete da Boa-nova.

Compreensivelmente os Seus discípulos também, apesar de estarem emergindo da *sombra* em que se refugiavam, ainda se debatiam nos conflitos, exaltando os caprichos do *ego*, enquanto Ele era a fraternidade ampla e incondicional, o amor em todas as dimensões.

Ao primeiro ensejo, sombreados pela ilusão, disputavam privilégios, anelavam por prioridades, destaques, honrarias. Não haveria outra motivação para estarem ao Seu lado, se não usufruíssem do Seu prestígio, da Sua notoriedade, convertendo essas conquistas em resultados de imediato consumo e prazer.

– *Qual dentre eles seria o maior?* – discutiram animosos, em ocasião quando retornavam de uma viagem, na qual haviam sido incumbidos de realizar alguns misteres.

Pensavam que era justo descobrir quem merecia o maior quinhão de Sua ternura e consideração, qual aquele que mais se destacava no conjunto, olvidando-se que a seleção se daria de forma diferente, através da renúncia, do desapego, das vitórias sobre as paixões servis.

A *sombra coletiva* era densa e absorvente, penetrante e enraizada no comportamento ancestral, ainda não superada, e, por isso mesmo, impunha a disputa dos interesses mesquinhos, imediatistas, que se sobrepunham aos objetivos elevados do bem geral, da transformação pela qual deveria passar todo o organismo social, e Ele o declarara várias vezes.

O *ego* dominador era, no entanto, mais importante, necessitando ser atendido, apesar do serviço em grupo, da família que Ele estava organizando, a todos oferecendo o mesmo indistinto amor fraternal.

No confronto, quando chegaram esfogueados e O encontraram, Ele os desnudou com um doce e transparente olhar, para logo inquirir, paciente:
– *Que vínheis discutindo pelo caminho?*
Descobertos, quais crianças surpreendidas em erros que não podiam ocultar, envergonharam-se, entreolharam-se, mas, a verdade é que desejavam saber quem era o mais amado. O tema estava pulsante em seus sentimentos apaixonados, assinalados pelos ciúmes e por querelas ridículas, pela competição, pela inveja...

A interrogação que os requeimava, feita pelo Homem-Jesus condoído da ingenuidade deles, recebeu o silêncio da pusilanimidade, da covardia moral para enfrentar o esclarecimento.

A atitude de fuga da realidade para o disfarce era ainda a melhor maneira de deixarem-se conduzir pela *sombra* torpe.

Viviam com Ele, e O não conheciam.

Estavam na claridade, e optavam pela treva.

Aturdidos, ouviram e viram o Terapeuta das suas enfermidades tomar de uma criança e transformá-la em modelo.

Para ser o maior no Seu conceito, era necessário fazer-se o menor, o servidor, esquecendo-se de si mesmo e altruisticamente colocando o seu irmão no lugar onde desejasse estar.

Esse foi um dos magnificentes momentos do Evangelho: o encontro do *ego* doentio com o *Self* libertador.

Ninguém havia tido coragem para propor esse enfrentamento, que tardava na economia social da Terra, dominada pela *sombra coletiva* do seu primarismo psicológico.

Ele viera para que se tivesse vida, e esta é libertação da ignorância, da noite, da *sombra* do erro.

Ainda hoje o repto de Jesus-Homem permanece rompendo as masmorras que aprisionam o ser estúrdio e enfermo, que se recusa à pureza, à inocência, à espontaneidade dos sentimentos, permitindo-se manter os gravames das suspeitas infundadas, dos ressentimentos doentios, das intrigas infamantes, dos caprichos mórbidos.

Ele nada exigia, jamais condicionava, nunca, porém, se submetia às paixões em voga.

Vivia intensamente a Mensagem que ensinava com palavras e exemplos, silêncios e sacrifícios.

(...) *Aquele, portanto, que se humilhar e se tornar pequeno como esta criança será o maior no Reino dos Céus* – estabelecera como condição essencial.

9
Escândalos
Ev. Cap. VIII – Item 12

Ai do mundo por causa dos escândalos!
Mateus, 18:7

Tudo aquilo quanto violente o equilíbrio, o estabelecido, constitui um escândalo, uma irreverência atentatória contra a ordem. Como consequência, os efeitos do ato danoso produzem ressonância, desarmonizando o indivíduo e, com ele, o grupo social no qual se encontra situado.

Por constituir um desequilíbrio daquele que o pratica, o escândalo, sob o ponto de vista da Psicologia Profunda, é manifestação da *sombra* que permanece em vertiginosa expansão no ser humano, gerando vícios e hábitos mórbidos que levam a desaires profundamente perturbadores, já que terminam por afetar aqueles que lhe compartem a convivência, a afetividade.

Invariavelmente, nesse caso, é de natureza íntima e ninguém toma conhecimento, porque permanece agindo no *lado escuro* da personalidade, fomentando distúrbios emocionais e comportamentais de variado porte, que se transformam em conflitos de consciência quando defrontados com o ético, o social e o espiritual.

Quase sempre o indivíduo mergulhado na *sombra*, de que tem dificuldade de se libertar, disfarça as imperfeições projetando a imagem irreal de um comportamento que está longe de possuir, mas que se torna, não raro, severo para com os demais e muito tolerante para com os próprios erros.

Estabelecida essa transferência psicológica de conduta, passa a viver em torvelinho de paixões e tormento de aflições que procura disfarçar com habilidade.

O lamento do Homem-Jesus sobre o escândalo é portador de uma invulgar energia nos Seus discursos, convidando a atitudes que seriam absurdas se consideradas na letra neotestamentária, que conclama à eliminação do órgão por intermédio do qual se processa o escândalo, antes que despertar na Vida além do corpo com o seu modelo perispiritual degenerado. Isto porque, todas as construções mentais do Espírito, antes de atingirem o corpo e o induzirem à ação de qualquer procedência, são decodificadas pelo agente intermediário, que se encarrega de impulsionar a forma física na execução do propósito psíquico.

Assim sendo, compreensivelmente a matéria não é responsável pelas ações a que vai induzida. Razão por que fortaleza e fraqueza de caráter, de vontade, de ação pertencem ao Espírito, e não ao corpo, que sempre reflete a origem de onde procedem.

É inevitável a ocorrência de fenômenos perturbadores e infelizes, considerando-se o estágio em que se demoram as criaturas humanas, a sua anterioridade de conduta, os hábitos a que se encontram vinculadas. Todavia, quando alguém se ergue para censurar e condenar sem autoridade moral para o fato, também produz escândalo, por esconder a deficiência e desforçar-se naquele em quem projeta a inferioridade que gostaria de eliminar.

Nessa proposta encontra-se embutido também o dever que a todos cumpre, que é respeitar as decisões e ações do seu próximo, porquanto, quem se levanta para impedir o processo de desenvolvimento de outrem, seja por qual motivo for, realiza um escândalo de agressão ao seu livre-arbítrio, envolvendo-o na sua *sombra*, de que não se consegue libertar.

Esse é o sentido revolucionário da palavra de Jesus, em torno da necessidade de autoiluminação para se *arrancar* o órgão escandaloso: língua, braço, mão, pé...

Erradicar na sua origem a onda vibratória que vai acionar o órgão, eis o esforço que deve ser empreendido, de forma que seja eliminada a causa geradora da futura ação malévola, de modo que o indivíduo se harmonize, mudando a linha direcional das aspirações e dos compromissos aos quais se vincula.

Inevitavelmente se tornam necessários os escândalos no mundo, porque constituem advertências para a observância dos bons princípios, porquanto se assim não fora, dificilmente se poderia aquilatar os males que produzem os instintos agressivos, os comportamentos destrutivos, invitando as mais audaciosas conquistas morais.

Para que os escândalos se tornem conhecidos, as criaturas se lhes tornam intermediárias, e é a essas que Jesus lamenta com severidade, porquanto estão escrevendo o capítulo obscuro do seu porvir, no qual defrontarão os frutos apodrecidos das atitudes anteriores que ora lhes exigem recuperação. Como é sempre mais difícil reeducar, reparar e refazer, o discurso de advertência tem cabida, ajudando o indivíduo a poupar-se, mesmo que com austeridade, de muitos prazeres que são de natureza primária e perversa, do que os fruir e passar a viver sob o açodar da consciência intranquila e do coração angustiado.

Quando o indivíduo escandaliza, prescreve para si mesmo consequências lamentáveis, sendo conduzido a percorrer o caminho de volta com aqueles a quem feriu, ou enfrentando os acidentes morais que foram deixados no transcurso dos seus atos.

É necessária, por enquanto, a ocorrência do escândalo e das suas sequelas morais e espirituais, porque, dessa maneira, as criaturas passam a considerar a profundidade do significado existencial, que é todo elaborado em compromissos de dignificação e de engrandecimento moral.

Um campo não lavrado se torna pasto de miasmas ou de morte, área desértica, selvagem ou pantanosa, aguardando o arado e o dreno, conforme seja o espaço de que se disponha para semear e cultivar.

As afeições agressivas e conflituosas no lar ou fora dele resultam das ações escandalosas do passado, ora de retorno, a fim de que se reabilitem aqueles que geraram as dificuldades, provando o pão amargo do seu vício e da sua insensatez.

A única maneira de construir-se o futuro ditoso é extirpar dos sentimentos o egoísmo, esse grande responsável pelos males que se multiplicam em toda parte, substituindo-o pelo seu antagonista, que é o altruísmo, gerador de bênçãos e estimulante para o crescimento moral daquele que o cultiva.

Na conduta de *sombra* espessa do passado, muitos místicos, atormentados pelo masoquismo, levaram a severa proposta de Jesus ao pé da letra, procurando amputar os órgãos que provocaram anteriormente danos ao próximo, esquecidos de que esses prejuízos são sempre de natureza moral, permanecendo insculpidos naqueles que os operam.

Essa necessidade de sofrimento, de castração, de amputação está superada pela razão, pelo discernimento, que demonstram as excelentes oportunidades que se podem fruir utilizando-os de forma positiva e edificante, em face das necessidades de toda natureza que são encontradas amiúde aguardando socorro e orientação.

Qual a utilidade de amputar-se a mão que esbofeteou, quando ela não pode recuperar moralmente aquele que foi ultrajado? E como amputar o pensamento vil, senão através da disciplina que cultiva aspirações enobrecedoras e induz a condutas de liberdade?

Os vícios, que são heranças do primarismo ancestral do ser, necessitam de correção mediante o esforço empreendido para a aquisição de novos costumes, aqueles que são saudáveis e contribuem para o bem-estar.

Seria um absurdo, num homem de excelente lucidez, arrancar-se um olho porque é instrumento da inveja daquilo que observa, sendo que é no Espírito que se encontra a mazela, a inferioridade moral, a ambição desmedida de possuir o que noutrem percebe. Extirpar o órgão, de forma alguma altera o sentido mental do comportamento, enquanto que necessário é corrigir a óptica emocional para tudo visualizar com alegria e gratidão a Deus, eis a forma mais exequível para a superação das dificuldades enraizadas no *ego* discriminador.

As alegorias do Mestre demonstram a Sua profunda sabedoria de esconder na *letra que mata, o espírito que vivifica*, porque os Seus eram ensinamentos para todos os períodos e tempos da Humanidade, não somente para uma fase do processo evolutivo do ser humano e do planeta terrestre.

Penetrando nos arcanos do futuro, Ele podia perscrutar a sua essencialidade e cultura, deixando desde então exarados os códigos de respeito pela vida e de integração na Consciência Cósmica.

A visão da unicidade das existências, em uma psicologia superficial, torna absurda a lição do Mestre a respeito dos escândalos, bem como outras de notável atualidade, se confrontadas com a doutrina dos renascimentos corporais, que contém a sementeira dos atos e a sua colheita, a realização em uma etapa e o seu reencontro em outra, constituindo o método educativo e salutar para o desenvolvimento de todos os valores éticos que jazem adormecidos no *ser profundo*, aguardando os fatores propiciatórios ao seu desenvolvimento.

Enquanto o ser humano não se liberta dos prejuízos morais a que se entrega, cabe o lamento do Mestre:

– *Ai do mundo por causa dos escândalos!* – em face dos infelizes efeitos que deles decorrem.

10
A PACIÊNCIA
Ev. Cap. IX – Item 7

*Bem-aventurados os pacíficos,
porque serão chamados filhos de Deus.*

Mateus, 5:9

A mais remota hipótese de considerar-se Jesus como Deus repugna ao esforço desenvolvido pela Psicologia Profunda e pela razão, que discordam veementemente da possibilidade de um Deus-Homem ou de um Homem-Deus, configurando o Supremo Criador vestido pela tangibilidade transitória para vivenciar os postulados por Ele concebidos, envolvendo-se em interpretação mitológica, que deságua no ultrapassado labirinto conceitual do mistério para o ainda precário entendimento humano.

O evangelista João é peremptório, quando afirma: *Ninguém jamais viu a Deus.*[2]

É da mais recuada antiguidade, e mesmo modernamente em diversas culturas do Oriente, a conceituação da

---
[2] João, 1:18 (nota da autora espiritual).

humanização divina assim como da divinização humana, em frontal agressão ao bom sentido da lógica e da Criação.

Conceber-se o Absoluto sintetizado no relativo é torná-lO finito, palpável, retido em pequenez, sem os atributos que O caracterizam, diminuindo-Lhe a grandeza da Infinitude e Causalidade, que somente se explicam a si mesmas.

A visão, porém, de um Jesus-Homem, que compreende a necessidade da paciência para que sejam conseguidas as metas desafiadoras, dá muito mais sentido lógico e ênfase ao Seu ministério, do que se fora o próprio Deus revestindo-se de uma forma tão desnecessária quão absurda.

Era um Homem dotado de extrema paciência, por conhecer o passado das almas e prever o seu futuro, como resultado da conduta e do empenho a que se entreguem.

A paciência também pode ser considerada como a ciência da paz, e por isso são *bem-aventurados os pacíficos*, aqueles que trabalham com método e confiança tranquila em favor da renovação do mundo e das suas criaturas, conseguindo ser *chamados filhos de Deus* que representam toda a paz.

A paz deve constituir a meta do ser pensante que luta em contínuas tentativas de adquirir a plenitude.

A paz é tesouro que não pode ser afetado em circunstância alguma, que a leve a desaparecer. E a paciência é sua exteriorização, porque é o mecanismo não violento de que se utiliza, a fim de alcançar os objetivos a que se propõe.

A paciência, conquista individual através do esforço pela autoiluminação, pelo autoconhecimento e descoberta dos objetivos da existência, transforma-se em caridade de essencial significado quando direcionada aos que sofrem, ajudando-os com benignidade, trabalhando a resignação que dela também se deriva.

Há sofrimentos ocultos e desvelados, muito variados e complexos, que são desafiadores da sociedade. Aqueles que são mais vistos, às vezes sensibilizam os indivíduos, que se comovem e se oferecem para minimizá-los, embora as multidões de aflitos e sofredores se apresentem em desalinho pelas ruas, vielas e campos do mundo... Todavia, aqueles que são ocultos, que poucos percebem, estiolando os sentimentos mais belos do indivíduo, esses esperam mãos compassivas e corações pacientes para auscultá-los e escutar-lhes os gemidos quase inaudíveis, arrancando das *carnes das almas* os espinhos dilaceradores que as mortificam. Nem sempre ou quase nunca a tarefa é fácil. Alguns seres se encontram tão doentes moralmente e tão descrentes da caridade, que se fazem agressivos, difíceis de serem ajudados, exigindo paciência perseverante e desinteressada para os alcançar.

Outros tantos, através das suas reações afetivas encolerizadas, constituem prova áspera que a paciência deverá suplantar com bondade e compaixão.

Quanto mais doente, mais atendimento paciente necessita a ave humana ferida no seu voo de crescimento interior.

Nem sempre é fácil entender o desespero de outrem, quando não se experimentou algo semelhante. São muitos os fatores de aflição, desde pequeninas dificuldades até as exaustivas e quase insuportáveis expiações, todas exigindo paciência a fim de serem atendidas e solucionadas.

A paciência encoraja o ser, porque o ajuda a enfrentar quaisquer situações, tomado pela ciência da paz.

Jesus deu mostras significativas dessa conduta, quando deixou de fazer muita coisa que parecia indispensável e solucionadora.

Não se apressou em iniciar o ministério, senão quando os tempos haviam chegado e as circunstâncias se faziam auspiciosas.

Aguardou que João O anunciasse e, quando aquele estava quase terminando o ministério, Ele deu início ao Seu conforme o anúncio das velhas profecias.

Submeteu-se a todas as injunções impostas pelas revelações antigas que caracterizariam o Messias. Pacientemente aceitou a observação do Batista que O testificou após o fenômeno da Voz espiritual que se fez ouvida, informando ser *este o Filho dileto, em quem me agrado*,[3] confirmando a independência entre o Pai e o Descendente.

Jesus viveu a Sua humanidade com singular elevação, suportando fome, dor, abandono e morte sem impacientar-se, submisso e confiante, ultrapassando todas as barreiras então conhecidas a respeito das resistências humanas, assim tornando-se um Paradigma a ser seguido, destroçando o que era comum, corriqueiro, banal, fixo em torno dos indivíduos: o limite das suas forças.

Já se disse que *o homem é um milagre*, certamente um milagre da vida, que transcende o convencional e conhecido, porque sempre se apresenta acima de qualquer interpretação e entendimento. A sua constituição física perfeita é uma maquinaria incomum, a sua emotividade extraordi-

---

[3] S. Lucas: 3-17 (nota da autora espiritual).

nária em mecanismos de altíssima sensibilidade, e o Espírito, viandante de mil jornadas, constituem um enigma para uma rápida definição ou profunda interpretação, estando, por enquanto, além do entendido...

Humano, porém, Jesus foi especial em razão dos Seus valores. Tornou-se pequeno para fazer-se semelhante aos que O acompanhavam e não diminuiu a grandeza interior.

Ele se fez um novo biótipo, trazendo um conteúdo diferente ao convencional e aceito, realizando o antes impossível graças à Sua paranormalidade excepcional, demonstrando quem Ele é.

Tornou-se, para todos os tempos, um convite desafiador que não pode ser desconsiderado, transformando-se em exemplo humanizado de todas as possibilidades. Ele foi livre e atingiu as culminâncias do amor imaginável, da paixão pelas criaturas às quais veio socorrer e conduzir como Pastor que arrisca a vida para salvar do perigo as ovelhas que tresmalharam.

As Suas ideias mereceram estudos acurados de ateus e religiosos, de místicos e de cépticos, sendo unânimes em afirmar que a Sua justiça social é irretocável e que o Seu amor é incomum, rompendo com os tempos dos Seus dias para antecipar um futuro que ainda não foi conseguido.

O Seu compromisso com a sociedade de todas as épocas d'Ele fez um *revolucionário* que não instiga ódio, demonstrando que são todas as criaturas iguais, sem diferenças de credos, de raças, de nações, de classes, na condição de *filhos de Deus*, Seus irmãos, aos quais veio ensinar como poderiam ser felizes. No entanto, não almejou que essa felicidade fosse lograda somente após a morte, mas, no instante mesmo da renovação interior, que é o momento azado para haurir paz e harmonia.

(...) E tudo com inexcedível paciência, não antecipando informações que a mentalidade da época estivesse impossibilitada de entender, razão por que anunciou que enviaria o *Consolador, que o mundo ainda não conhece... porque não o pode suportar...* para fazê-lo.

Tempo e espaço na Sua dimensão encontram-se ultrapassados, valendo o momento hoje, a oportunidade apresentada para encetar a marcha da busca de Deus.

Deus é a Meta, Ele é o Meio, a vida é o caminho que Ele ilumina de exemplos para que todos se encontrem e se engrandeçam.

Surge, então, com a Psicologia Profunda, uma nova *imagem de Jesus*, o Homem que ama, que serve, que espera, que ensina e, pacientemente, intercede junto ao Pai por todos aqueles que estão na retaguarda.

Ele deixa de ser uma lembrança da ortodoxia ou da teologia para tornar-se vivo e atuante, próximo sempre de quem O queira escutar e seguir os Seus ensinamentos atuais e palpitantes.

A Sua proposta não é para que se fuja deste mundo enfermo, da sociedade empobrecida moralmente, mas para que se consiga curar a doença com a conquista da saúde para cada membro do planeta, e haja enriquecimento moral de todas criaturas membros do organismo social.

Tal cometimento é um grave desafio, que somente os Espíritos pacientes irão conseguir, e, por isso, serão *chamados filhos de Deus...*

11
RECONCILIAÇÃO
Ev. Cap. X – Item 6

(...) Que daí não saireis, enquanto não houverdes pago o último ceitil.
MATEUS, 5:26

Todo o ministério de Jesus é caracterizado pela austeridade e energia de postulados, demonstrando que ao se *tomar da charrua, não se deve olhar para trás*. As decisões apresentadas são firmes e honestas, exigindo o esforço que, mesmo em se convertendo em sacrifício, signifique entrega total em regime de consciência lúcida, sem margem a futuros titubeios. Por isso mesmo, é recomendada a reflexão ante os desafios, facultando a doação do postulante ao *Reino dos Céus*.

Sua linguagem é clara e definitiva, não permitindo interpretações esdrúxulas ou escapistas.

Sendo o móvel da doutrina a instalação revolucionária de uma nova ordem de ideias que deveria alterar o comportamento do indivíduo e da sociedade como um todo, criando novas perspectivas para a existência física como preâmbulo daquela de natureza espiritual, os convites pronunciados pelo Mestre são diretos, insofismáveis, decisivos.

A base estrutural de todo o convite é o amor que dimana de Deus e se encontra ínsito nas criaturas humanas que, por sua vez, deverão conscientizar-se do seu significado e valia, constituindo a regra de vida em todos os momentos, de tal forma impregnando-se da certeza da sobrevivência da alma e da Justiça Divina, que nada se lhe pudesse opor, constituindo-se obstáculo à conquista do objetivo almejado.

Não seja justo, portanto, estranhar-se muitas das assertivas apresentadas, que parecem violentar o caráter moral do indivíduo treinado para o revide, para a autodefesa, para a preservação dos valores da *sombra individual e coletiva*, em que sempre predominam o egoísmo e as paixões mais primitivas.

A claridade que se esparze da Boa-nova é libertadora, facultando ao ser o autoencontro, o autoburilamento, a superação do *ego*, a plena vitória do *Self*.

Na Lei Antiga, a figura do perdão é apresentada como conquista mediante retribuição. Quando se ofende a Deus, em face dos comportamentos infelizes dúbios e dos gravames das deficiências morais, encontram-se estatuídos nos seus Códigos os instrumentos para impor reparação, no que eram hábeis os fariseus ao aplicá-los, utilizando sofismas e ardis, que culminavam nos sacrifícios de animais assim como através de outros recursos específicos que lhes eram rendosos.

Jesus e o Evangelho à luz da Psicologia Profunda

Jesus aceitou as injunções convencionais dos comportamentos atávicos, porém, acrescentou a essa política legal ancestral, necessária nos primórdios da cultura do povo hebreu, a ética do amor como mecanismo superior a quaisquer outras expressões de ordem material ou de imposição estabelecida pelos legisladores terrestres, nem sempre em condições de elaborar princípios nobres, por lhes faltarem valores de dignidade e exemplo, o que lhes retirava a autoridade para estabelecer condutas que não seguiam.

A Lei de Amor origina-se em Deus, é natural, encontra-se em toda parte como expressão de ordem e de valor, nunca se inclinando em favor de determinada pessoa ou grupo social específico, pairando soberana acima de todas as injunções humanas. Os seus árbitros não são homens susceptíveis de erro e de inclinações personalistas, de interesses inconfessáveis, mas a consciência de cada qual, que lhe haure a inspiração e tem como modelo a de natureza cósmica.

Desse modo, Jesus-Homem submeteu-se aos códigos arbitrários existentes, mas abriu espaço total para a nova ordem que veio estabelecer, apresentando novas perspectivas de vida e de realização que dignificam o ser humano e o exaltam, facultando-lhe harmonia porque acima de todas as imposições transitórias do farisaísmo, sempre preocupado com a forma e distante da realidade do ser essencial. A aparência era-lhes, e ainda permanece sendo fundamental, compactuando com as concessões do século em detrimento das realizações espirituais transcendentes.

À luz da Psicologia Profunda, o perdão é superação do sentimento perturbador do desforço, das figuras de vingança e de ódio através da perfeita integração do ser em si mesmo, sem deixar-se ferir pelas ocorrências afligentes dos relacionamentos interpessoais.

Tem um significado mais que periférico ou de aparência social, representando a permanência da tranquilidade interna ante os impactos desgastantes externos, que sempre aturdem quando o indivíduo não está forrado de segurança nas próprias realizações, nem confiante na correta execução dos programas que exigem desafios através de provas compreensíveis diante dos obstáculos que se encontram pela frente.

Quando alguém se detém na mágoa ou na queixa, ressumando amargura ou desconforto moral por ocorrências desagradáveis que dizem respeito à sua forma de comportar-se espiritualmente, em fidelidade aos princípios abraçados, encontra-se distante da própria mensagem que lhe deveria impregnar de tal forma que não haveria campo para a instalação desses conflitos morbosos. A autoconsciência identifica todas essas ocorrências e supera-as, por significarem reações de pessoas e grupos psicologicamente na infância dos seus interesses, ainda vinculados aos jogos da ilusão, disputando-se primazias e projeções sem qualquer sentido profundo.

Nesse aspecto do perdão, projetam-se os resultados dos ressentimentos para outras experiências fora da matéria ou em futuras reencarnações, quando os litigantes continuam imantados uns aos outros, sem que se facultem oportunidade de libertação, enfermando-se reciprocamente ou permanecendo em pesados conflitos intérminos quão sacrificiais e inúteis.

Jesus e o Evangelho à luz da Psicologia Profunda

Não raro, na gênese de muitas psicopatologias encontramos a presença de *cobradores espirituais* que, embora desvestidos da roupagem física, permanecem em lamentável situação de vingança, em terrível transtorno mental, gerando dilacerações psíquicas naqueles que os ofenderam e não tiveram tempo nem oportunidade ou interesse para se reabilitarem.

Esses combates insanos arrastam-se por dezenas de anos a fio, sem lhes ocorrer que, enquanto afligem se infelicitam, prolongando a situação dolorosa sem qualquer benefício pessoal...

Tais fenômenos obsessivos são muito mais expressivos e complexos do que parecem na visão das doutrinas psíquicas modernas que teimam por encontrar no cérebro e nos mecanismos orgânicos apenas, a psicogênese dessas enfermidades mentais, comportamentais, psicológicas...

Felizmente, a moderna Psicologia Profunda, mediante a visão transpessoal, eliminando toda *sombra* do indivíduo e da coletividade, identifica as causas reais desses distúrbios decorrentes de processos mentais enfermiços que a morte não eliminou.

Sem nenhuma dúvida, em face dos processos que decorrem das ações morais, o ser se faz herdeiro da necessidade de superar os erros e agressões às Leis, insculpindo nos refolhos íntimos os mecanismos reparadores, entre os quais se encontram as alienações mentais, não obstante também inscrevam os delitos contra outras vidas que passam na sua insânia a exigir reparações pelo sofrimento, impondo-lhes perseguições impiedosas, qual ocorre nas paisagens terrestres entre aqueles que se odeiam.

A morte do corpo não libera o Espírito das paixões nobres ou inferiores que lhe tipificam a conduta natural. Antes lhe amplia o campo de vivência, porque, desvestindo-o dos limites impostos pelo corpo, concede mais espaço para as ações que são compatíveis com o seu nível evolutivo.

Deus o permite como ensinamento para algozes e vítimas, que se devem amar antes que se agredir, desculpar e conceder ensejo à reparação, sem permitir o domínio da *sombra* que aturde e infelicita.

Jesus-Homem sempre enfrentou situações de tal monta, procurando esclarecer o perseguidor e dignificar o perseguido, impondo a este último a necessidade de conduta correta, a fim de que *não lhe acontecesse nada pior*.

Na perspectiva da Psicologia Profunda, aquele que permanece em clima de desforço ata-se aos elos dos renascimentos inferiores, não conseguindo libertar-se do ir e vir, por não luzir-lhe interiormente o amor, que é o único recurso propiciador de felicidade e de depuração.

O ódio aprisiona aquele que o mantém em relação a quem lhe padece a injunção penosa. Sendo recíproco, torna-se cadeia cruel para ambos. Caso, no entanto, algum dos envolvidos na situação perturbadora consiga superar os sentimentos doentios, evidentemente sairá dessa cela escura planando em outro espaço de claridade e vida. E isso se dá mediante o resgate pelo amor ao seu próximo, àquele mesmo a quem feriu, impensadamente ou não, procurando reabilitar-se.

Deus sempre faculta ao livre-arbítrio do ser a melhor maneira de reparar os erros, impondo-lhe, quando a falência de propósitos e atos se faz amiúde, recursos mais vigorosos que são ao mesmo tempo terapêuticos para o Espírito rebelde.

A Sua justiça estabelece parâmetros que não podem ser violados insensatamente, proporcionando meios valiosos de harmonia e plenitude mediante os quais o amor é sempre o árbitro de todas as ocorrências.

Merece ter-se em mente sempre que toda situação embaraçosa e infeliz defrontada deve ser regularizada antes da ocorrência da morte física, a fim de que não sejam transferidos de plano os fenômenos da reparação e da paz.

Jesus exemplificou sempre e incessantemente tal necessidade, perdoando mesmo aos mais impenitentes adversários que O sitiavam, deixando com as suas consciências o resultado da insídia, que os algemaria na prisão terrestre até que se depurassem das atitudes adotadas.

Desse modo, cumpre a cada consciência a prática do perdão indistinto, porquanto assim não ocorrendo, qual informou o Mestre – *daí (do cárcere carnal) não saireis, enquanto não houverdes pago o último ceitil* – facultando ao seu próximo todos os direitos que lhe são concedidos pelas Soberanas Leis da Vida conforme gostaria que a si mesmo fossem facultados.

12
Julgamentos
Ev. Cap. X – Item 10

Hipócritas, tirai primeiro a trave do vosso olho e depois, então, vede como podereis tirar o argueiro do olho do vosso irmão.
Mateus, 7:5

Toda vez que o indivíduo, descredenciado legalmente, procede a um julgamento caracterizado pela impiedade e pela precipitação, realiza de forma inconsciente a projeção da *sombra* que nele jaz, desforçando-se do conflito e da imperfeição que lhe são inerentes, submetido como se encontra à sua crueza escravizadora em tentativa de libertar-se.

A delicada questão do julgamento é dos mais complexos desafios que enfrenta a Psicologia Profunda, em razão dos inúmeros fatos que se encontram subjacentes no ato, quase sempre perverso, de medir a conduta de outrem com recursos nem sempre próprios de ética, justiça e dignidade.

Analisá-lo é devassar o inconsciente daquele que se atribui o direito de penetrar na problemática de outrem, embora ignore várias causas difíceis de ser identificadas, porque específicas, mantendo um comportamento, por sua vez, mais danoso, mais credor de correção e censura, do que aquele que no seu próximo pretende punir.

Mediante mecanismo automático de liberação das cargas de culpa e medo retidas no inconsciente, o julgador escusa-se de desvelar as imperfeições morais que possui, facilmente identificando o mínimo reprochável noutrem, por encontrar-se atribulado por gravames iguais uns e outros muito mais perturbadores.

Estudiosos modernos das propostas neotestamentárias, examinando o texto em epígrafe sob a óptica de uma teologia mais compatível com os avanços da Psicologia Profunda, situam-no entre aqueles que são denominados como os *discursos da ira* proferidos por Jesus, dentre os quais estão as lamentações a respeito de todos os que desconsideravam a Boa-nova, e foram chamados de *ais*... *(Ai de vós, escribas e fariseus, etc.)*

Esses severos alertas traduzem as reações do Homem-Jesus tomado pela *ira santa*, aquela que reflete a Sua natureza humana, sem qualquer laivo, no entanto, de ressentimento ou ódio, de menosprezo ou desconsideração pelos indivíduos incursos nas Suas austeras palavras. Ressaltam, isto sim, a grandeza da Sua masculinidade enérgica, que não se detinha diante dos comprometimentos pusilânimes e sofistas, irônicos e perversos, a fim de despertar-lhes as consciências adormecidas, cindindo a *sombra* neles predominante por intermédio da austeridade e do chamamento ao dever, ao conhecimento de si mesmos e a reflexões em torno dos seus limites, de forma que se transformassem em terapia saudável, auxiliando-os em futuros comportamentos.

Era também a maneira vigorosa para dissipar a *sombra coletiva* que pairava sobre todo o povo vitimado pela predominância do desconhecimento da sua realidade essencial.

Não poucas vezes Jesus foi convidado a enfrentar esses tecelões da injúria e da desdita alheia, caracterizados pela sordidez da hipocrisia sem disfarce, na qual ocultavam os seus sentimentos reais, sempre prontos para acusar, desferindo golpes impiedosos contra todos aqueles que lhes estivessem sob a injunção da observação perversa.

Hábeis na arte de dissimular as desditas interiores, especializavam-se em desvelar nos outros as torpezas morais que os infelicitavam e não tinham coragem de enfrentar.

É sempre esse o mecanismo oculto que tipifica o acusador contumaz, o justiçador dos outros, o vigia dos deslizes das demais pessoas.

Sentindo-se falidos interiormente por não poderem superar as atrações morbosas da personalidade enferma, revestem-se de puritanismo e de falsa sabedoria, facultando-se direitos que se atribuem, e tornando-se impiedosos perseguidores das criaturas sobre as quais projetam aquilo que detestam em si próprios.

Os fariseus celebrizaram-se por essa capacidade sórdida, buscando equipar-se de conhecimentos na Torá e nos demais livros *sagrados*, como se todas as obras de libertação humana igualmente não merecessem o direito de ser também sagradas, para melhor se imiscuírem na observação dos atos que diziam respeito ao próximo, formalistas e ríspidos, não obstante interiormente como um sepulcro, *todo podridão* conforme acentuou Jesus em ocasião própria.

Ainda permanece essa conduta soez em todos os segmentos da sociedade, particularmente nos grupamentos religiosos, nos quais aqueles que se sentem incapazes de crescer, por acomodação mental ou incapacidade moral, tornam-se agudos vigias dos irmãos que os ultrapassam e não merecem perdão, por estarem libertando-se da *sombra* que eles ainda nem sequer identificaram...

Detalhistas e hábeis na faculdade de confundir, esmeram-se na apresentação externa a que dão excessivo valor, porque se sentem inferiores e pecaminosos, julgando com aspereza e rancor todos quantos os superam em quaisquer valores éticos, morais, espirituais, culturais, de abnegação e beleza.

Jesus jamais os temeu por conhecer-lhes os abismos interiores, a insânia, a jactância.

Justa, portanto, a Sua ira, que se apresentava com um caráter de corajosa decisão para não permitir a ingerência de tão perniciosos fiscais que se atribuíam o direito e o dever de perturbar-Lhe o Ministério que inaugurara.

Essa coragem, que não silenciava em nome da falsa humildade, a que esconde covardia ou omissão, provocava-lhes, como ainda hoje ocorre, mais acendrado ódio, levando-os a acionarem armadilhas cada vez mais sutis ou afrontosas, concomitantemente arrebanhando sequazes que permaneciam a soldo da sua infâmia.

Não se repetem, ainda hoje, as mesmas condutas ardilosas e infamantes?!

O julgamento legal tem raízes nas conquistas da ética e do direito, do desenvolvimento cultural dos povos e dos homens, concedendo ao réu a oportunidade de defesa enquanto são tomadas providências hábeis para que sejam preservados os seus valores humanos, as suas conquistas de cidadão.

Essa a diferença entre a conduta da civilização em relação à barbárie, do homem vencedor da *sombra* em confronto com o mergulhado nela.

Examina-se a conduta infeliz de alguém que cometeu um delito, sem dúvida, mas não perdeu a qualidade de ser humano, requerendo dignidade e misericórdia, por mais hediondo haja sido o seu crime, a fim de não se lhe equipararem em rudeza e primitivismo os seus julgadores.

O julgamento, porém, que, insensato, arbitrário e contumaz, decorre da inferioridade do opositor, que apenas vê a própria imagem projetada e odeia-a, sedento de destruição para libertar-se do pesado fardo, ferindo a outrem, é covarde e cruel.

A análise do erro é sempre uma necessidade impostergável, quando não se faz realizada com perversas intenções de dominação do *ego*, totalmente divorciada da lei de amor e de caridade. Analisar para auxiliar, para corrigir, para educar, é valiosa contribuição para a construção do ser moral, psicológico e espiritual.

Dessa forma, é inevitável que, toda vez quando se é defrontado pelas ocorrências do cotidiano, o próprio senso crítico e de discernimento proceda a julgamento, examine a atitude, a conduta alheia, não assumindo, porém, a postura de censor, de responsável pela sociedade que pensaria estar defendendo. A sutileza se encontra na capacidade de não converter a apreciação e o exame de situação em condenação que exige castigo, mas solidariedade ou autoprecaução para que não incida no mesmo equívoco.

Graças a esse comportamento, manifesta-se a maturidade do ser humano, que ora sabe entender o correto em relação ao errado, a ação dignificante em confronto com a reprochável, a comparação entre o saudável e o patológico.

Jesus, que sabia examinar sem julgar, muito menos punir, como consequência viveu sempre muito feliz.

A Sua Doutrina é todo um poema de alegria, de libertação dos conflitos, de autoiluminação e de engrandecimento a Deus manifesto em todas as coisas, desde as simples sementes e grãos pequeninos, *às aves dos Céus, às redes de pescar, aos lírios do campo*, ao azeite, à lâmpada, à Mãe-Natureza e ao Excelso Pai, a *Quem ninguém nunca viu...*

Aquele Homem, especial pela própria grandeza e autoridade de que se fazia revestido, as quais *Lhe foram concedidas pelo Pai*, em todo momento exteriorizava bom humor e alegria, sem vulgaridade; severidade quando necessário, nunca, porém, hostilidade; fazia-se generoso incessantemente, jamais covarde; amigo incomum de todos, não conivente com as suas defecções.

Sabia como desmascarar a hipocrisia e não trepidava em repreender os portadores da dissimulação mesquinha; possuidor, no entanto, do sentimento socorrista para com todos, tornava-se Psicoterapeuta incomparável.

O farisaísmo permanece nos relacionamentos humanos, com as suas várias máscaras, ferindo ou tentando dificultar a marcha dos homens idealistas, daqueles que estão construindo a nova sociedade para o mundo melhor do futuro.

A *sombra* em projeção torna-se julgamento que a sã conduta e a harmonia psicológica diluem na perfeita identificação dos valores do *Self* triunfando sobre os caprichos do *ego*.

Diante dos julgamentos direcionados pelos sentimentos servis e dos julgadores sistemáticos, considere-se, pois, com cuidado a severa advertência do Homem de Nazaré:

– *Hipócritas, tirai primeiro a trave do vosso olho e depois, então, vede como podereis tirar o argueiro do olho do vosso irmão.*

13
LIBERTAÇÃO PELO AMOR
Ev. Cap. XI – Item 8

*(...) Amarás o teu próximo
como a ti mesmo.*
Mateus, 22:39

Toda a essência da vida encontra-se estabelecida no amor, que é de procedência divina. Alcançar esse clímax do processo da evolução é o cometimento mais audacioso que o ser inteligente encontra pelo caminho ascensional.

Na perspectiva da Psicologia Profunda, o ser vive para amar e ser amado, iluminar a *sombra* e fazer prevalecer o *Self*.

Esse processo encerra toda a saga da autoconquista de cada ser, que deve transformar impulsos em sentimentos, atavismos em atividades lúcidas, heranças dominadoras em aquisições plenas, instintos arraigados em emoções harmônicas, hábitos estratificados em realizações edificantes, tendências inferiores em aspirações elevadas sob os impulsos do amor. Tal é o grande compromisso que deve ser atendido por todas as criaturas que anelam pela tranquilidade e pelo bem-estar legítimo.

Invariavelmente o amor surge como desejo inicial de compartir alegrias e repartir realizações. Expressando-se inconscientemente no zelo pela prole, na defesa pelo clã, no interesse pelo progresso pessoal, como o daqueles que lhe dizem respeito pela consanguinidade, inicia o seu mister crescendo ascensionalmente de forma a ampliar-se cada vez mais.

Terapia eficiente para superação da *sombra*, o amor é o medicamento salutar para o *ego* enfermo, estímulo eficiente para o *Self* que desabrocha soberano quando irrigado pelo fluxo desse sentimento superior da vida.

Jesus, o Homem, fez-se o exemplo mais vívido do amor de que o mundo tem notícias.

Submetido às injunções por que passam todas as criaturas, a Sua trajetória fez-se assinalada pelas mais vigorosas páginas de compreensão e brandura para com todos, exercendo autoridade e carinho em perfeita harmonia, mesmo nas situações mais chocantes, sem perder o equilíbrio nem a afetividade. Quando austero, educava amorosamente e com energia; quando meigo, orientava com ternura e segurança; ante a hipocrisia insidiosa e perversa, assumia a atitude de enfrentamento sem descer à condição infeliz do seu antagonista, repreendendo-o e desmascarando-o com o objetivo de educá-lo.

A ausência do amor no ser humano e, por consequência, no mundo, demonstra o estágio de primarismo ainda predominante, que dificulta o processo de evolução, gerando conflitos perfeitamente dispensáveis, mas que se demoram perturbadores como ferretes impelindo para a frente e para a conquista desse atributo superior do ser.

Amar é *abrir o coração* sem reservas, encontrar-se desarmado de sentimentos de oposição, sempre favorável ao bem e ao progresso, mesmo quando discordando das colocações que são apresentadas.

É também um mecanismo de compaixão e de misericórdia para consigo e principalmente para com o próximo, sua meta e sua necessidade, que passa a constituir-se fundamental no relacionamento e na conquista da autoconfiança.

O amor é o liame sutil que une o interior ao exterior do ser, o profano ao sagrado, o *ego* ao *Self*, que lhe passa a comandar o comportamento, o material ao espiritual.

O amor nunca se ofende e sempre está lúcido para entender que na sua vibração tudo se harmoniza, mesmo quando as *leis dos contrários* se apresentam, porque não agride nem violenta, tudo aceitando com equilíbrio e canalizando com sabedoria.

Não poderia ser outra a diretriz proposta pelo Revolucionário galileu, que colocava balizas novas nas velhas estruturas do comportamento humano, até então escravo do desamor, das artimanhas da mentira e das arbitrariedades das pessoas e dos governos.

O amor não mente, porque a sua é a estrutura da autenticidade, sempre aberto e claro, possuidor de quase infinita capacidade de paciência e de compreensão.

Jesus, na condição de peregrino do amor, demonstrou como é possível curar as feridas do mundo e dos seres humanos com a exteriorização do amor em forma de compaixão, de bondade, de carinho e de entendimento.

Joanna de Ângelis / Divaldo Franco

Eram primitivos e cruéis aqueles dias nos quais Ele viveu e, por isso mesmo, a Sua trajetória impressiona pela superior maneira como Se conduziu, enfrentando largos trajetos a vencer entre vicissitudes e impedimentos que nunca Lhe constituíram empeço para alcançar os objetivos traçados.

Quando a mulher era espólio do homem, que dela podia dispor a seu bel-prazer, e cujos sentimentos íntimos não eram levados em consideração, caracterizados como fraqueza digna de punição e chalaça, Ele assumiu a *anima* e enterneceu-se com as suas demonstrações de doçura e de piedade, de amor e de solidariedade, conclamando-a à autoestima, apesar de todos os impedimentos, à coragem para os enfrentamentos no lar, no convívio social, nas lutas políticas pelo bem geral. Ergueu-a do vale em que se encontrava, na *sombra coletiva,* ao planalto de luz resplendente de liberdade e dignidade, conseguindo o seu lugar no concerto da Humanidade.

Quando os pobres eram tidos por desprotegidos de Deus, e os enfermos graves eram expulsos das cidades, porque se encontravam *mortos*, tendo os seus nomes cancelados do Livro dos vivos, Ele os exaltou em inesquecível bem-aventurança, principalmente, aqueles que foram pobres de espírito de avareza e de paixões inferiores. Nunca se apartou dos doentes e odiados, visitando os samaritanos detestados e oferecendo-lhes os bens eternos da Sua mensagem confortadora e rica de paz.

Jamais temeu os poderosos, os intrigantes, os fariseus odientos e ingratos, os saduceus materialistas e utilitaristas, sem porém os detestar, lamentando o estado em que se encontravam, longe de Deus e de si mesmos, intoxicados pelo orgulho e vencidos pela avareza, infelicitadores, porque infelizes em si mesmos, sem se permitirem lugar propício ao despertamento para a realidade espiritual.

Invariavelmente as pessoas que ainda não aprenderam com o Homem-Jesus a excelência do amor, pensam que são amadas porque se fazem especiais, esquecendo-se de que por amarem tornam-se especiais.

O amor dinamiza os potenciais internos do ser, contribuindo para que os neurônios e as glândulas do sistema endócrino produzam imunoglobulinas que imunizam o ser em relação a diversas infecções, enquanto vitalizam o emocional e o psíquico, afinal de onde dimana essa energia poderosa...

É graças ao amor que os relacionamentos atingem a sua plenitude, porque o egoísmo cede lugar ao altruísmo e o entendimento de respeito como de confiança alicerça mais os sentimentos que se harmonizam, produzindo bem-estar em quem doa, tanto quanto em quem recebe.

Somente o amor permite que se vejam as pessoas como são. Sem ele, percebem-se os reflexos da personalidade que deseja impressionar e conquistar lugar e afeto, sem a qualidade essencial que é o sentimento profundo de doar para depois receber, ou ofertar sem o escuso interesse de negociar uma recompensa. Por isso, quando não está vitalizado esse desejo pelo hálito do amor real, a frustração e a amargura sempre acompanham os insucessos, que são decorrentes da ausência de pureza do ofertório.

Amando-se, ultrapassa-se a própria humanidade na qual se encontra o ser, para alcançar-se uma forma de angelitude, que o alça do mundo físico ao espiritual mesmo que sem ruptura dos laços materiais.

Todo esse concerto de afetividade inicia-se no respeito por si mesmo, na educação da vontade e no bom direcionamento dos sentimentos, de forma que a autodescoberta trace conduta saudável que irradie harmonia e alegria de viver, tornando a existência física aprazível seja em que forma se apresente, não sofrendo as alterações dos estados apaixonados e dos gostos atrabiliários.

Esse sentido de autoamor que se transmuda em *aloamor*, alcança a etapa mais elevada que é o amor a Deus acima de todas as coisas e condições, por significar a perfeita identificação da criatura com o seu Criador, haurindo sempre mais força e beleza para o autocrescimento.

Moisés foi o instrumento da Lei severa, necessária para a educação de um povo nômade e pastor, que saindo da escravidão necessitava construir uma Nação, fixar-se, estabelecendo as disciplinas de conduta para o equilíbrio da coletividade e o bem-estar geral.

Jesus é o amor humanizado que se entrega ao matadouro em holocausto vivo, demonstrando que a existência terrena, embora merecendo respeito e sendo credora de preservação, quando luz o amor ao próximo, cede lugar pessoal em favor daquele, transferindo-se, por abnegação, de uma condição existencial efêmera para outra espiritual e eterna.

Sua revolução pelo amor suplantou tudo quanto antes fora apresentado pelo pensamento histórico e pela ética, invertendo as propostas sociais e políticas que primavam pela prevalência do *ego* dominante, exaltando o Eu *profundo* de caráter eterno e sobranceiro a todas as injunções transitórias do mundo físico.

Iniciando-se esse sentimento como impulso nobre para a renúncia e a dedicação ao próximo, através da esteira das reencarnações, amplia-se, enriquece-se, sublima-se até alcançar as excelsas paragens do Bem Incomum.

Enfrentando os fariseus, discutidores incuráveis e malfazejos, sempre buscando algo para incriminar seja a quem fosse, respondeu-lhes à indagação melíflua, a respeito de *qual o mandamento maior da Lei*, explicando que acima de tudo se encontra Deus, que deve ser amado com todo o respeito, a abnegação e a vida, mas impôs:

– *Amarás o teu próximo como a ti mesmo* – como reflexo daquele sentimento maior e total.

14
O EGOÍSMO
Ev. Cap. XI – Item 11

Tratai todos os homens como quereríeis que eles vos tratassem.
Lucas, 6:31

O egoísmo é úlcera moral que degenera o *organismo espiritual* da criatura humana.

Remanescente do primarismo que lhe é dominante, responde por incontáveis males que a afligem assim como à sociedade, dificultando o progresso que é fatalidade inevitável.

A terapia eficiente para tão terrível flagelo é o altruísmo, por desenvolver os sentimentos superiores que defluem da razão e do discernimento, ampliando as possibilidades de crescimento interior de cada um no rumo do Infinito.

Sabe disfarçar-se de variadas maneiras, justificando-se com habilidade, a fim de prosseguir como agente de destruição dos bens da vida.

Uma atitude de firmeza ante os objetivos morais a serem conquistados deve caracterizar todo aquele que pretende evoluir, libertando-se desse inclemente algoz, que permanece devorando ideais e submetendo as massas ao seu talante infeliz.

O Homem-Jesus enfrentou-o em toda a Sua trajetória e soube freá-lo nas suas investidas de orgulho ferido, de inveja sistemática, de pessimismo, de presunção descabida.

N'Ele encontramos o exemplo máximo do altruísmo afetuoso, mas não servil, em razão do Seu sentimento equilibrado.

Harmônico, à luz da Psicologia Profunda, tudo, em Jesus, é exemplo de equilíbrio e sabedoria.

De temperamento introspectivo, jamais se apresentou conturbado ou receoso, depressivo ou tímido. A Sua introspeção podia ser compreendida em razão da Sua realidade de Ser interexistente, vivendo o mundo físico, objetivo, imediato, e o Mundo espiritual, extrafísico, transcendental, nunca se permitindo deter em uma esfera vibratória sem participação ativa na outra.

A Sua foi e permanece sendo uma psicologia totalmente diversa da conhecida, antes ou atualmente, porque assentada em um biótipo sentimental, nunca, porém, sentimentaloide, que compreendia as dores do mundo e procurava diminuí-las sem atormentar-se. Os Seus eram valores espirituais que jorravam em abundância do Seu mundo interior como música vibrante, possuindo recursos não convencionais e não conhecidos, que transformava em ação vital para atender àqueles que O buscavam.

Sempre espontâneo, jamais se permitiu manipular por qualquer pessoa ou poder existente, seja por imposição externa ou chantagem emocional, por medo ou por interesse subalterno, fazendo exatamente o que Lhe parecia melhor para aqueles por quem viera.

Portador de uma forma diferenciada de agir, era sempre genuíno, profundo e livre de qualquer injunção que Lhe maculasse a conduta. Todas as Suas ações eram altruísticas, mesmo que ameaçando a Sua existência segura na forma de apresentar-se e na maneira de realizar o que deveria. Decidido, não se permitia qualquer tipo de hesitação ou de conformidade com o estabelecido, procurando demonstrar o sentido exato e significativo da existência terrena.

Sempre acolitado pelas mulheres que n'Ele encontravam apoio e inspiração, conforto e roteiro para o prosseguimento nas suas tarefas, manteve-se indene a todas as atrações especiais ou a particularismos decorrentes da Sua configuração masculina.

Da mesma forma agiu em relação aos amigos e aflitos que O buscavam, mantendo-se integérrimo, elegendo, obviamente, aqueles que eram fiéis aos postulados que difundia e às ações que vivenciava, de modo a estimulá-los ao prosseguimento dos compromissos assumidos.

No Seu sentimento não existia lugar para ciúme ou disputa, para susceptibilidades ou ressentimentos, porquanto, humanizando-se, não abdicava da Sua procedência espiritual superior, identificando em todas as criaturas a *semelhança de Deus*, que equivale à procedência inicial, que as torna dignas e credoras de consideração e amor em todas as circunstâncias.

Ainda do ponto de vista da Psicologia Profunda, o Homem-Jesus rompeu com o fator denominado *alucinação masculina*, não se firmando somente nesse lado positivo da Sua condição terrenal, tampouco fixando-se na *alucinação feminina* da fragilidade e da emotividade desordenada da mulher de então, tornando-se o ser fundamental, total e irretocável do pensamento histórico.

Esse sentimento harmônico foi Sua característica essencial, que se nos apresenta como a única forma de poder entender-se o Homem-Jesus, o *Filho de Deus*, jamais deificado na Sua humanidade, pois que se assim o fora Lhe tiraria toda a grandeza e eloquência do ministério, colocando-O acima das injunções convencionais e próprias de todos os seres com os quais conviveu e orientou, propondo-lhes o *Reino dos Céus*, que afirmava encontrar-se no próprio coração, simbolicamente a área do sentimento.

Jesus o demonstrou quando afirmou que são *bem-aventurados os puros de coração*, exaltando a faculdade de amar e de ser altruísta a todo aquele que se Lhe acerca.

Ele não se misturava ao coletivo, embora estivesse nas massas, evitando sempre o condicionamento da cultura da época e suas exigências absurdas quão mesquinhas.

Ele inaugurou um novo modo de viver, uma nova psicologia de comportamento, uma diferente experiência de compreensão da vida.

Jamais se apegou a qualquer coisa: valores terrestres, projeção social e política, que são peculiares à natureza humana em determinado estágio da evolução, e que constituem infantilidade moral-espiritual compatível com as exigências do mundo exterior.

A Sua conduta foi irrepreensível e a Sua alegria de servir ao Pai, através dos Seus irmãos, demonstrou o verdadeiro sentido do altruísmo, que deve frondejar nos sentimentos gerais.

É tão extraordinária a figura psicológica de Jesus-Homem que Ele não se repetia, não se permitia redundâncias, monotonias, sendo um incansável conquistador de novas experiências iluminativas para os discípulos, utilizando-se da didática maiêutica, sempre encorajando todos ao autocrescimento e tornando-se Modelo sem aparência presunçosa e humilhante, em face da afabilidade e simplicidade com que se conduzia.

A Sua espontaneidade foi enriquecedora, facultando que todos se Lhe acercassem com naturalidade e confiança, compartilhando do conhecimento de que era dotado, experimentando o conforto moral que d'Ele se irradiava em silêncio ou verbalmente.

Toda a Sua existência foi uma sinfonia profunda de amor, que se alcandora aos extremos da caridade total por identificar no *ego* das criaturas o adversário soez e extravagante, responsável pelas desídias, pelo inconformismo, pelas ambições desnaturadas que, levadas ao extremo, fomentam as guerras e geram os infortúnios que vêm atravessando os tempos.

Enquanto o egoísmo conspira contra a caridade, esta lhe é a terapia eficiente, única de que dispõe a vida para desenvolver os sentimentos de fraternidade e de justiça entre os homens.

À medida que o ser humano adquira conhecimento e desenvolva o sentimento de dignificação, o egoísmo cederá passo a uma nova mentalidade psicológica e comportamental, portadora de saúde tanto quanto de enriquecimento emocional para captar a felicidade a que todos aspiram.

Nunca será demasiado esperar-se que esse sentimento de caridade tenha início no imo e se espraie alterando a paisagem terrestre, sem esperar que outrem o faça, o que pode representar um mecanismo egoico de transferência de oportunidade e de realização.

Quando o homem se impregna do sentimento de amor sem jaça, naturalmente sintoniza com o psiquismo do Homem-Jesus, passando a receber-Lhe a inspiração, ao tempo em que frui emoções incomuns que se caracterizam pela alegria de viver e de agir.

A caridade proporciona segurança social, respeito pela natureza em todas as suas expressões, motivação para uma vida engrandecida.

Ela expressa como nenhuma outra proposta transformadora a *Lei de amor*, que é a alma da vida.

Em Jesus não há tragicidade, conforme se observa na conduta de outros líderes, de outros homens, porque Ele soube converter a desgraça em fator de elevação como lição na qual as ocorrências são sempre instrumentos do processo de crescimento para Deus, sejam sob quais formas se apresentem.

Igualmente, nunca houve comédia, a alegria vulgar com que se pretende justificar a frivolidade egoística. Na Sua seriedade pairavam doçura e jovialidade, configuradas na beleza que se exteriorizava acalmando paixões e orientando vidas.

Por isso recomendou que *se tratassem todos os homens como se quereria que eles os tratassem.*

15
A VINGANÇA
Ev. Cap. XII – Item 9

*(...) Não resistais ao mal que
vos queiram fazer...*
MATEUS, 5:39

A fatalidade da vida é alcançar a harmonia plena, mediante o equilíbrio do amor a si mesmo, ao próximo e a Deus.

Qualquer desvio do sentimento do amor que se tenha, e tomba-se em desequilíbrio, em inarmonia, postergando o processo da evolução e retardando a marcha do progresso na qual todos os seres se encontram colocados.

O amor, portanto, é o hálito de sustentação da vida, enquanto a sua ausência expressa-se como estágio embrionário do ser, aguardando os fatores propiciatórios ao seu surgimento e exteriorização.

A vingança constitui-se numa patologia do *ego* insubordinado ante as ocorrências do mecanismo de crescimento.

Nem sempre todas as ocorrências podem ser favoráveis, e, não poucas vezes, surgem fenômenos perturbadores pela agressividade, por meio do desvio de conduta, através do erro, mediante a ação indébita, que geram reações profundamente infelizes, que se convertem em anseio de vingança como recurso de liberação do ódio, que é a mais grave enfermidade da alma.

O ódio envenena os sentimentos e entorpece a razão. Dando vitalidade à vingança, conduz a transtornos comportamentais mórbidos de recuperação difícil.

Na Sua condição humana entre os homens-pigmeus que O detestavam, Jesus enfrentou as suas agressões e diatribes, sem permitir-se vincular-se-lhes por meio do ressentimento, menos do ódio, jamais por qualquer expressão de vingança.

Nunca se poupou aos enfrentamentos, não obstante, jamais sintonizou com a ira dos atormentados-atormentadores que sempre O buscavam para afligi-lO e testá-lO.

Não resistia contra eles, desafiando-os ou com eles entabulando discussões estéreis quão venenosas.

Suave, passeava a Sua presença entre os seus bafios pestosos e os seus doestos, sem os vitalizar com qualquer tipo de vinculação emocional.

Agia, incorruptível, mantendo a serenidade, enquanto eles blasfemavam e espumavam, iracundos, ferozes.

O mundo dos homens é também a paisagem dos desenfreios morais, da vulgaridade e das ânsias do primarismo.

O Homem-Jesus jamais se perturbava com aqueles que O buscavam para pleitear uma postura igual ou superior à d'Ele.

Não vivesse a Sua humanidade e fosse somente angelical, estaria fraudando a confiança daqueles que se Lhe entregavam, por ser diferente, destituído de sentimentos tanto quanto de vulnerabilidade.

A Sua superioridade fora conquistada através de experiências multifárias e se expressava natural, porque vitoriosa aos embates antes travados.

Oferecer o outro lado, quando se é esbofeteado na face, é quase inverossímil para a cultura ocidental, acostumada ao revide pela honra, ao duelo, com armas no passado, verbal em todos os tempos, através da justiça igualmente em todas as épocas.

Ele demonstrou que era possível fazê-lo, e viveu a experiência pessoal.

Trata-se, à luz da Psicologia Profunda, de provar que o Bem é mais forte do que o Mal, que a não violência é o antídoto para a ferocidade, a paciência é o remédio para a irritação, a esperança é o recurso para o desalento...

Não poucos estudiosos das narrações neotestamentárias recusam o postulado que se encontra exarado no texto em torno do *não resistais ao mal que vos queiram fazer*, encontrando justificativas de ordem ética e de lógica, em postura ariana de vigor comportamental. Outros tantos renegam a proposta do oferecimento da outra face, após a injúria agressiva na oposta, em razão da estrutura psicológica de preservação da dignidade pessoal.

Merecem consideração e reflexão. Entretanto, Ele desejou expressar exatamente a coragem para enfrentar o mal equipado pelo Bem, enriquecido pelo amor, desarmado de sentimentos morbosos de vingança, sem o elixir do ódio a sustentar a inferioridade evolutiva...

Essa atitude de Jesus é varonil, mais forte do que a belicosidade dos militares preparados para destruir. O não matar, o não ser violento, constitui o mais grandioso desafio cultural e emocional que a criatura humana pode experimentar.

Em contrapartida, as Suas enérgicas palavras a respeito da hipocrisia dos fariseus e das questiúnculas dos insensatos saduceus, a conduta reprochável dos hipócritas e a tibieza dos fracos, sempre mereceram referências enérgicas e elucidações vigorosas sobre as consequências que acarretariam para aqueles que assim agissem, apresentando o outro ângulo moral de Sua vida.

Ele não o dizia com ira ou paixão morbífica, mas com a autoridade de quem conhecia a *Lei de Causa e Efeito,* da qual ninguém se exime, estando todos os seres incursos nesse fundamento da Natureza.

A Sua humanidade não era tíbia, antes vigorosa, compassiva e altiva, sem o que jamais lograria desenvolver o programa espiritualizante a que se entregava em relação aos homens, Seus irmãos.

Duas expressões aparentemente opostas se mesclavam no caráter do Homem-Jesus.

Não resistir ao mal, a fim de não vitalizar a escravidão aos instintos inferiores, primários, que dirigem as criaturas não espiritualizadas, não elevadas. Afirmar o Bem e exercer a coragem para sofrer as consequências da opção elegida, como forma de superar a voragem do desespero e o desregramento de conduta que assolam em todos os tempos e culturas.

O conceito estabelecido para *não resistir ao mal* é tido por conduta feminina, atitude tímida que caracterizava a submissão da mulher aos caprichos do homem. A energia ensinada e a autoridade exteriorizada em relação aos pusilânimes e astutos, expressava manifestação masculina, típica da virilidade do homem agressivo e corajoso.

Jesus sintetizou as duas naturezas, fundindo em unidade harmônica a *anima* ao *animus*, harmonizando a Sua conduta sem traição de qualquer arquétipo ancestral em uma imagem integrada de Ser ideal.

A vingança é atraso moral do Espírito, que permanece em primarismo; o perdão exalça o indivíduo. A primeira leva-o a futuros conflitos e ata aquele que a cultiva a quem detesta; o segundo liberta do agressor e lenifica os sentimentos que restauram a alegria de viver. Uma aflige sem pausa, e o outro equilibra, desenvolvendo estímulos para novos embates.

Recomendasse Jesus o revide e, se Ele assim o fizesse conforme gostariam os imediatistas e os cômodos, teríamos um exemplo de unilateralidade de conduta, excluindo a face amorosa e compadecida. Se, por outro lado, apenas a compaixão e a tolerância predominassem no Seu comportamento, veríamos um tíbio, apresentado em uma formulação desencorajadora para a reconstrução da sociedade, que se faria piegas e medrosa.

A coragem é não revidar ao mal, nem sequer pensar no mal, não se permitir sentir o mal.

A imagem subjetiva de Jesus-Homem é a de um triunfador, que se superou a si mesmo, tornando-se o *exemplo* que conforta e o *roteiro* que conduz ao *porto*. Por outro lado, é o *Guia*, cuja vivência jamais desmentiu os ensinamentos, e é o *caminho*, por haver percorrido a vereda que traçou como diretriz de segurança para os que n'Ele acreditassem.

Todos quantos resistem ao mal, tornam-se vítimas de tormentas de vária ordem, tombam na loucura, ou fazem-se famanazes do crime, da hediondez, da vingança...

Aqueles que revidam ao golpe infeliz recebido, não se postando pacientes a oferecer a *outra face*, transformam-se em criminosos iguais àqueloutros que os infelicitam e perseguem.

Certamente, o instinto de conservação precata o indivíduo de deixar-se consumir pela impiedade ou de ser arrastado injustamente ao poste do sacrifício.

Honestamente, não foi exatamente assim que Ele procedeu, deixando-se imolar, sem revide nem justificativa para fugir do testemunho?

Igualmente, todos quantos O seguiram, também não se entregaram ao matadouro, alguns cantando hosanas?

Ser precavido, resguardar-se do mal dos maus, cuidar de não se envolver em contendas, evitando os entreveros estabelecidos pelos belicosos, também é atitude recomendada pela Sua conduta. No entanto, jamais fugir do testemunho, ou debandar do holocausto quando seja convidado, não revidando mal por mal, nem se vingando nunca, mesmo que surjam oportunidades propiciatórias ao desforço.

Vitorioso é somente aquele que se vence interiormente, mesmo que vencido exteriormente, *por isso amarás o teu próximo como a ti mesmo.*

16
O ÓDIO
Ev. Cap. XII – Item 10

*Sede, pois, cheios de misericórdia, como
cheio de misericórdia é o vosso Deus.*
Lucas, 6:36

Atualizando o pensamento de Jesus com sabedoria, o Espiritismo alcança idênticas metas estabelecidas pela perspectiva da Psicologia Profunda.

Jesus e Deus são independentes: um é Ser criado, e outro é o Criador.

A ultrapassada ortodoxia teológica responsável pela composição do Filho-Pai, tornando-O Incausado, atropela a lógica e a ética mais elementares, que não encontram respaldo nas narrações neotestamentárias.

A grande *sombra coletiva* que pairava sobre Israel e, por extensão, por sobre toda a Humanidade, decorrente ou responsável pelas ambições desmedidas do personalismo individual e generalizado, ressuscitou a mitologia arquetípica primitiva, atribuindo ao homem a perfeição absoluta de Deus, distanciando-O, dessa forma, do entendimento e da aceitação possíveis, por parte daqueles que O desejavam seguir, tocados pelas lições da Sua palavra e da Sua vivência.

Na excelsitude dessa Sua incausalidade, infinitamente distanciada da condição de humanidade, tornaria todo o apostolado impossível de ser tornado realidade, porque os homens necessitados de renovação encontravam-se mergulhados na escuridão, retidos no seu *lado escuro*, não tendo como entendê-lO, e, menos ainda, não dispondo de qualquer possibilidade de alcançá-lO.

Como, porém, Ele lutou com austeridade e conviveu com os problemas vigentes, estabelecendo novos critérios fundamentados no amor, delineando mudanças imediatas de costumes e condutas, tornou-se acessível, provocando, incontinente, as reações previsíveis daqueles que viviam das migalhas sociais, econômicas e políticas, repudiando-O e tramando para assassiná-lO, conforme se consumou, passo a passo, na hediondez do primitivismo de consciência em que se encontravam.

Humano, Ele lamentou a selvageria do ódio, de que se utilizaram os adversários, não apenas d'Ele, senão de tudo quanto de renovador e unificável Ele representava e difundia.

Matar Jesus significava, no inconsciente coletivo de então, assassinar os conflitos que as aspirações de beleza e de imortalidade *ameaçavam no Self,* assim aniquilando ou pretendendo fazê-lo em relação ao *Selbst,* interpretado como a *imagem de Deus no homem.*

O ódio é remanescente vigoroso das mais sórdidas paixões do primarismo asselvajado, que permanece em luta titânica com a razão e o sentimento de amor inato em todos os seres.

Morbo pestífero, somente desaparece mediante a terapia do amor incondicional, que o dilui, porquanto se enfrentam no mesmo campo de batalha, que é a consciência.

Esse amor não negocia, tampouco negaceia, não se preocupa com qualquer tipo de caráter retributivo, é espontâneo e doador, desinteressado e rico de generosidade, *cheio de misericórdia.*

O ódio funciona como automatismo violento, labareda voraz que deixa destruição, para que as *mãos do amor* trabalhem na reconstrução que ressurgirá dos escombros.

O evangelista João afirma esse valor, definindo: *Deus é amor.*

O amor de Deus a que se refere Jesus é um sentimento também de compaixão que socorre, mas não se detém em exigência de natureza alguma.

Todos os seres sencientes têm necessidade de amor, que constitui alimento irrecusável, e quem não o aceita pode tornar-se a simbólica *figueira que secou*, retratada na parábola da inutilidade, da falta de objetivo pelo existir.

Não se preocupa a Divindade com culto externo, com sacrifício para reparação das faltas, com promessas de renovação, com comércio das indulgências a troco de moedas ou títulos outros, por entender a sua não validade, por ser o Absoluto Possuidor não Possuído.

A aceitação desse amor unge de bênçãos, vincula a criatura ao seu Criador, estabelecendo comunhão benfazeja capaz de superar os desafios e alcançar a autorrealização.

Em um período de violência e vilania como aquele, no qual Ele viveu – não muito diverso da atualidade, embora as suas incomparáveis conquistas de variada ordem –, a condição de ser humano era um risco, porquanto seu valor irrisório era semelhante ao de uma alimária de carga, especialmente se pertencente às classes menos favorecidas, sem dinheiro, sem projeção social, destituído de destaque político...

Jesus rompeu o convencional e inaugurou um especial compromisso com a Vida: o amor de misericórdia.

A *sombra coletiva* de Israel não podia entendê-lO, e Ele o sabia, mas se tornava urgente lançar as bases e as balizas do Reino de Deus, preparando os dias do futuro. Assim, pouco importava o tributo que o Homem-Jesus teria que pagar para a fundação da Era Nova entre os demais homens.

Para tanto, utilizou-se do amor misericordioso para atender aos enfermos, que ajudou na recuperação da saúde, mas também o aplicou a Zaqueu, o *publicano*, que desceu da árvore – que é um símbolo psicanalítico expressivo – para recebê-lO na sua casa. Aquele amor que o inundou alterou-lhe a conduta e ele usou de misericórdia para com os seus servos, assalariando-os com abundância e apresentando-se sem dívidas ou cobradores à porta dos seus sentimentos...

Aquele homem deixou que a sua *sombra* cedesse lugar à síntese do conhecimento com o sentimento, inundan-

Jesus e o Evangelho à luz da Psicologia Profunda

do-se de conscientização dos deveres em relação a si mesmo, ao seu próximo, à Vida.

Esse amor grandioso acolheu a mulher surpreendida em adultério, vítima do ódio generalizado de outros adúlteros, que nela desejavam esmagar os próprios conflitos para manterem a *sombra*; ou quando Ele atendeu a vendedora de ilusões, que saíra da obsessão do sexo desvairado, libertada pelo seu dúlcido olhar *cheio de misericórdia*, convidando-a à reeducação, ao refazimento do caminho.

Esse amor não censurou ninguém, porque é feminino, maternal; no entanto, advertiu, caracterizando ser também masculino, paternal, em perfeita identidade da *anima* com o *animus,* em perfeita harmonia no Homem-Jesus.

Terapeuta preventivo, Ele esclareceu a respeito dos anos infelizes e sombrios que poderão resultar quando se permanece em delitos, em pensamentos, palavras e ações perturbadores.

Essa misericórdia não se detém na simples compaixão, propelindo cada beneficiado para que faça a sua parte, *aquela que não lhe será tirada*, por essencial à conscientização das possibilidades de que todos dispõem e devem acionar, aumentando-lhes a capacidade de realizações.

Todo ser humano tem que realizar o seu trabalho de autoiluminação, e, após fazê-lo, nunca mais será o mesmo.

Esse é o amor que levanta do abismo e alça às cumeadas do progresso moral, passo avançado para a libertação espiritual das mazelas e chagas decorrentes dos erros transatos.

Jamais Jesus fará a tarefa de outrem ou por outrem. Todo o Seu amor é disciplinante e engrandecedor, nunca tornando o ser pigmeu ante a Sua grandeza moral, porém, descendo-lhe ao nível para erguê-lo até onde lhe seja possível alcançar.

Assim Ele dignificava perante o Si profundo cada um que se candidatava ao Seu, que é o *Reino de Deus*.

Por tais razões, sempre recomendou a busca de Deus, qual Ele próprio o fez no deserto, em longa vigília; na montanha, durante a incomparável sinfonia das *Bem-aventuranças,* ou no meio das multidões esfaimadas, inquietas, agressivas, insaciáveis e, sobretudo, ingratas...

Jesus conhecia os homens, em razão também da Sua condição de humanidade entre eles, superando a teorização mediante a experiência vivencial.

Não foram poucas as provocações a que se submeteu, a fim de lecionar o amor e desfazer os petardos do ódio, da animosidade, da inveja, nos diluentes do amor incessante, da compaixão sem termo.

O ódio permanece no mundo na condição de loucura que o tempo amorosamente irá desfazendo, fertilizando as plântulas da misericórdia, que é o germinar desse amor no solo dos sentimentos.

Enquanto paire na sociedade a *sombra coletiva*, é necessário estarem os homens *cheios de misericórdia, assim como cheio de misericórdia é Deus.*

17
Os infortúnios ocultos
Ev. Cap. XIII – Item 4

*Abstém-te de falar disto a quem
quer que seja...*
Mateus, 8:4

Todos os seres são de essência divina, porque procedentes do Psiquismo Criador, que estabelece o processo da evolução mediante as experiências infinitas do progresso incessante.

Como consequência, torna-se imperiosa a necessidade de cada qual desenvolver os sentimentos que se aprimoram, superando os atavismos que remanescem das experiências anteriores, ainda predominantes em sua natureza.

O empreendimento é desafiador, portanto, rico de oportunidades iluminativas e engrandecedoras.

Fadado a alcançar a plenitude, todo o empenho se desdobra desde a conjuntura mineral até à angelitude, que alcançará a esforço cada vez menos penoso, porque da canga, ao ser extraída a gema, torna-se mais fácil facultar-lhe o brilho.

Das penosas conjunturas do *começo* até os momentos de sublimação, etapas se sucedem ricas de possibilidades que, aproveitadas, apressam o desabrochar dos valores adormecidos, encarregados de ampliar-se no rumo das estrelas.

A visão da Psicologia Profunda em torno do ser humano é enriquecida de esperança em favor do seu engrandecimento ético, assim como do seu crescimento intelectual, facultando as duas asas para compor a sabedoria em que se converterá, alçando voos pelo Cosmo, superados limites e fronteiras físicas.

Para esse logro, o trabalho é árduo e gratificante, porque, à medida que se libera de cada impositivo, torna-se mais factível vencer o próximo, ensejando-se mais amplos recursos de iluminação interior.

O *ego* em predomínio, lentamente cede espaço ao *Self*, que se encarrega de conduzir os pensamentos, ideais e esperanças necessárias para alcançar a meta a que está destinado.

O Cristo histórico, neste contexto, cede lugar ao Jesus-Homem, mergulhado na turbamulta e entre os caprichos da mole humana, mantendo-se em neutralidade total, não obstante tomado de profunda compaixão por aqueles que O não entendiam e se engalfinhavam nas lutas ridículas das disputas transitórias pela conquista de migalhas, ouropéis, metais das entranhas da Terra, que passaram a adquirir valor relativo...

Aquele Jesus das teologias igrejistas, embora compadecido das multidões, parecia distante dos seus sentimentos, procurando a Sua comunhão com Deus, longe dos tormentos das massas, que se apresentavam necessitadas desse processo depurador.

Colocado como redentor, liberador de culpas, também estava isento de qualquer tentação, de qualquer condição de humanidade, inalcançável pelos fenômenos do mundo, portanto, de certo modo, também, impossível de ser imitado, acompanhado, inacessível...

Na proposta da Psicologia Profunda, que humaniza o Vencedor de si mesmo, que triunfou sobre as conjunturas em que se encontrava graças aos valores conquistados, tornava-se companheiro do infortúnio por conhecer a sua origem e as contingências perigosas para o processo de evolução, ao mesmo tempo oferecendo recurso terapêutico para as mazelas morais e espirituais daqueles que as padeciam.

Instava com os infelizes, mesclava-se com eles, mas não se tornava um deles, porque a gema preciosa, mesmo no pântano, quando o Sol a alcança mantém o seu brilho.

Jesus é o diamante que se tornou estelar, mantendo o brilho interior, sem permitir-se ofuscar as débeis claridades individuais, no entanto, clareando as consciências e amando-as.

Todo o Seu é um ministério de esperança e de amor, de compaixão e de auxílio, movimentado pela ação do Bem, único recurso para minimizar ou anular as ocorrências dos infortúnios ocultos.

Conhecendo cada pessoa que d'Ele se acercava, graças à capacidade de penetrar o insondável do coração e da mente, sem humilhar ou jactar-se, conseguia oferecer combustível de amor para a transformação interior que se deveria operar, e quando essa não ocorria, assim mesmo estimulava o seu prosseguimento, pois que um dia seria alcançada...

A Sua *divindade* estava na essência interior d'Ele mesmo – assim como se encontra em todos nós – mas, sobretudo, na forma de viver a Mensagem, que expressa o amor inefável de Deus pelas Suas criaturas.

Fossem conforme se apresentassem as calamidades físicas, morais, políticas, econômicas, os infortúnios de qualquer expressão, Ele se utilizava da caridade misericordiosa, entendendo a angústia e a aflição, procurando remediar, quando não as devesse eliminar, porque delas poderiam resultar abençoados frutos para o porvir de cada qual.

Quantos desastres ocultos, quantos desalinhos que não chegavam a ser conhecidos, porém, foram identificados pela Sua superior qualidade espiritual!

Silenciosa ou verbalmente, contribuía para que tudo se resolvesse, sem impedir que o paciente ou a vítima oferecesse a sua contribuição de esforço e sacrifício, a fim de crescer e aprender a construir o bem em si mesmo, sem permitir-se elogios, gratidões ou aplausos, que sempre os desconsiderou.

Abstém-te de falar disto a quem quer que seja... impôs ao hanseniano recém-curado, para evitar as louvaminhas e exaltações das multidões frívolas e interesseiras, mas aduziu: *...vai mostrar-te aos sacerdotes e oferece o dom prescrito por Moisés, a fim de que lhes sirva de prova.*

Não se opunha às prescrições, embora não lhes desse importância; no entanto, não criava embaraços ao comportamento da humana justiça nem da sociedade de então, farisaica e formalista.

Arrancando as pústulas em decomposição orgânica, por intermédio da renovação celular, propunha a profunda mudança de atitude mental e moral do paciente, para que os campos vibratórios modeladores da forma mantivessem o ritmo de equilíbrio para a preservação da harmonia dos órgãos. Igualmente induzia ao respeito pelo que estava estabelecido, de modo que educasse o indivíduo para viver dignamente no grupamento social em que se encontrava.

O Seu lado humano exigia que a comunidade vivesse em equilíbrio emocional vinculada aos seus estatutos legais.

A caridade não arrosta consequências da insubordinação, do desrespeito, da agressão ao *status quo*, antes o ilumina, contribui para a sua renovação incessante, por ser semelhante à luz que dilui trevas sem alarde nem violência.

A ausência de ostentação em todo o Seu ministério é a demonstração da Sua humildade e da Sua humanidade, direcionando para Deus todos os feitos, todos os resultados felizes dos empreendimentos realizados.

Ninguém se pode escusar de atender aos infortúnios ocultos, conforme Ele o fez.

Quem é falto de um sentimento de compaixão ou de misericórdia em relação a outrem, que foi colhido pelos vendavais da amargura, da desesperação ou tombou nas malhas da loucura, do abandono, da solidão?

Ante o *dia* e a *noite* ricos de promessas e realizações, quem se pode considerar, humano que é, órfão de ar, de luz, de esperança, de bondade, em um mundo rico de beleza e de oportunidades enriquecedoras?

Os infortúnios ocultos encontram-se em todos os seres humanos, sem qualquer exceção. Dissimulados, escondidos, ignorados, eles são as presenças-apelos da vida para o crescimento interior, ao esforço para alcançar os patamares da paz e da alegria perfeita. Sem o seu concurso todos se contentariam com as paisagens menos belas da névoa carnal, não aspirando à ascensão nem à imortalidade!

A humanidade de Jesus está muito bem delineada na parábola do *bom samaritano*, exemplo máximo de solidariedade, de elevação de sentimentos, de caridade... como Ele próprio o fazia.

Por isso, não é importante alguém apenas confessar-se crente em Jesus ou não, mas imitá-lO, em razão do que Ele inspira, do sentido e significado da Sua existência na Terra e da Sua passagem entre as criaturas, quando do Seu apostolado de amor, exarado nos Seus feitos e nos Seus não feitos.

Nesse contexto, Ele deixa de ser o *símbolo Jesus*, distante, irreal e complacente, para tornar-se o *dinâmico Jesus-Homem* de todos os momentos do caminho dos homens, instruindo-os, renovando-os, soerguendo-os e aguardando-os pacientemente.

O homem moderno necessita *ouvir Jesus com os olhos*. Sentir os exemplos que ressumam da Sua história e que estão ressuscitados nos Seus seguidores, que procuram fazer conforme Ele realizava na direção do alvo essencial, que é a libertação das paixões constritoras que remanescem no egotismo da natureza animal, transformando-se em realidade espiritual.

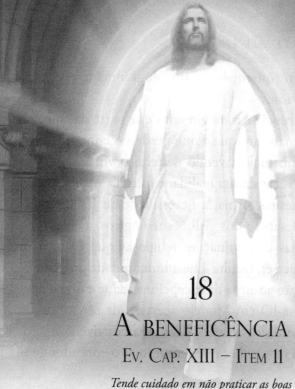

18
A BENEFICÊNCIA
Ev. Cap. XIII – Item 11

*Tende cuidado em não praticar as boas
obras diante dos homens...*
MATEUS, 6:1

A beneficência, ou a ciência de bem fazer, a arte da ação do Bem é, do ponto de vista da Psicologia Profunda, o compromisso de humanidade para com as criaturas no seu sentido mais elevado.

Enunciando o postulado em torno da prática das boas ações distante dos olhos dos homens, Jesus igualmente humanizou-se, ensinando sobre o anonimato quando a serviço do Bem, em face da condição tormentosa que tipifica os indivíduos.

Liberta da teologia ancestral, a cultura hodierna se apresenta gerando comportamentos autônomos e tecnocratas, que eliminam os sentimentos enquanto enriquecem o ser fisiológico que encarceram na dependência das coisas, deixando-o, em consequência, psicologicamente esvaziado de ideais superiores.

A beneficência é o movimento que parte da emoção, buscando reumanizar aquele que perdeu o contato com a sua origem espiritual, havendo desfeito o vínculo com as heranças parafísicas da sua realidade inicial.

Dessa mesma forma, a necessidade de Jesus despsicologizado e desatado dos grilhões teológicos, assim como dos cárceres das denominações religiosas que O tornam pigmeu ou superser, faculta-Lhe a humanidade que esfacela a conceituação absurda de excepcionalidade e divindade, para transformá-lO em Modelo acessível de ser seguido e estimulador de todos aqueles para cuja convivência veio, sem o objetivo de ser-lhes o redentor, mas o educador gentil e nobre.

Compreendendo a fragilidade moral dos indivíduos, no tumulto da tagarelice desenfreada dos Seus coevos, preferiu aprofundar a sabedoria das Suas propostas no cerne do ser e não na Sua aparência, alcançando o *Self* em vez de deter-se no *ego* exterior e mascarado, que se prolongaria através do processo histórico da Humanidade até estes dias.

Toda a mensagem neotestamentária é vazada na autenticidade do ser em busca da sua identificação com Deus, representado no Amor, no Bem, na Caridade...

Toda e qualquer expressão de exterioridade d'Ele recebia o reproche, considerando que o homem é Espírito, momentaneamente mergulhado na cela do organismo físico, que se apresenta como limite e impedimento para a liberdade total em torno da compreensão plena da sua realidade.

Jesus e o Evangelho à luz da Psicologia Profunda

A cristologia convencional e ancestral é uma estreita visão teológica que a Psicologia Profunda desconsidera, por discordar da sua divindade, da sua especificidade única, em detrimento de toda a Humanidade, para facultar o engrandecimento de Jesus, o Homem pleno, realizador harmônico do Seu *animus* com a Sua *anima*, perfeitamente identificado com o Eu *profundo*, que desvelava em todos os momentos, jamais assumindo posturas incompatíveis com os conteúdos das lições vivas que ministrava.

Homem que perscrutava o âmago do ser com a visão penetrante do amor, cuidou sempre de ensinar a autoiluminação, para diluir toda a *sombra* da ignorância em que se encontra mergulhado o indivíduo nesta fase do seu cometimento evolutivo.

Não havia para esse autoconhecimento recurso melhor e mais oportuno do que a beneficência, que se expressa mediante o anonimato das ações dignificantes, de forma que a sua prática não receba o prêmio da gratidão do beneficiado, nem o reconhecimento do grupo social, oferecendo mecanismos de exaltação da *persona*, que se rejubila com as homenagens, dificultando ao *Eu superior* plenificar-se em Deus, por haver fruído a recompensa ao orgulho e à vaidade através da glorificação dos feitos.

A alegria de oferecer desatrela as paixões servis que propelem a receber mais, anulando-as com as inefáveis emoções da autossuperação, que é o passo inicial para a descoberta da excelência de servir.

Esse sentido de humanismo, que se converte em humanitarismo, produz a sintonia com a beneficência real, ao contribuir com o pão para o esfaimado, ou o medicamento para o enfermo, sobretudo, porém, mediante a gentileza, a afabilidade, a compaixão em relação ao seu próximo, por meio da educação, do conforto moral aos padecentes, do esclarecimento libertador a todos que ignoram as verdades morais e espirituais da vida.

Essa beneficência deixa de ser uma virtude metafísica para tornar-se uma conquista intelecto-moral, que dinamiza os valores éticos e espirituais sem desumanizar o ser, antes tornado irreal, divinal...

Jesus viveu a beneficência total, apresentando Sua vida como um arquipélago de luz, libertadora da estupidez e do desconhecimento dos valores existenciais, de forma que socorria as necessidades visíveis e aqueloutras não percebidas exteriormente, porque mais significativas da alma, atendendo ao que se Lhe solicitava, mas, principalmente, ao que não era sentido; no entanto, de relevante importância para a felicidade do paciente, que só Ele detectava.

Do ponto de vista da Psicologia Profunda, essa ação é de atualidade para todos os indivíduos dos nossos dias, particularmente os jovens desassisados, decepcionados, esquecidos pela cultura egoísta que medra em abundância nos grupamentos sociais, abandonados nas suas aspirações mais legítimas, porque lhes permite compreender os objetivos de amar pelo prazer de fazê-lo e socorrer por impulso emocional de contribuir em favor de um futuro contexto humano menos enfermiço e egoico.

Os adultos – operários, camponeses, excluídos, pessoas simples e modestas, destituídos de maior cultura –, afinal, para quem Ele viera, encontram, nesse Jesus, o companheiro para as suas horas de lutas e de sofrimentos, que comparte com eles as suas dores e necessidades, as injustiças que padecem, ao tempo que lhes oferece ânimo e valor moral para que prossigam lutando e superando as infames pressões que lhes impõem os poderosos e indiferentes dos seus destinos.

Os livres-pensadores também identificam esse Homem que não fundou seita ou crença, mas que abraçou todos os indivíduos como irmãos, sem distinção de raça ou de nação, afável com as criancinhas e misericordioso com os criminosos, tanto quanto compassivo e paciente com os idosos, enfermos, infelizes...

Ele falou a linguagem das massas, em vez do ininteligível idioma da sofisticação e do desconhecimento, silenciando mais do que verbalizando enquanto ajudava, de modo a ser aceito pela grandeza moral do Seu entendimento a todas as ocorrências e situações.

Os jovens que ontem, sem objetivos essenciais para a vida, se atiraram tresloucados em fugas coletivas, abandonando as imposições castradoras das religiões e da sociedade servil aos interesses mais hediondos, dos quais sacava valiosa remuneração, deixaram-se vencer pelo autoabandono, buscando iluminação como transferência de metas existenciais, em compreensível fenômeno reagente à escatologia do Homem-Deus indiferente aos seus problemas, às suas aspirações, que se não submetiam aos escorchantes padrões da intolerância nem do puritanismo...

Fracassada a rebelião e retornando aos lares, enfraquecidos e tristes, a sua frustração deu lugar a uma nova mentalidade, ansiosa e insegura, que se vem deixando devorar pelo consumismo e alucinar pela propaganda fragmentada dos grandes veículos da informática.

O seu reencontro com o Jesus da Psicologia Profunda e não Aquele histórico dos interesses inconfessáveis de algumas doutrinas que dizem possuí-lO, é inevitável, porém, não mais como antes, em que Ele parecia distante das suas angústias, indiferente aos seus apelos e dores, necessidades infantojuvenis e desconcertos de comportamento, mas, sim, Alguém a eles semelhante no sentido da constituição humana, Modelo a ser seguido e Guia compassivo, amigo solidário em todas as circunstâncias e momentos, por mais desagradáveis que se apresentassem.

A cristologia na feição antiga tornou a beneficência quase inalcançável, por envolvê-la no molde místico decorrente do abandono do mundo para ajudar aos mundanos, no combate aos viciados em vez de trabalhar para extirpar-lhes os vícios em que se comprazem assim como aqueles que predominam no organismo social, em frontal desrespeito ao que Ele realizou.

Ante a decodificação pela Psicologia Profunda que existia no místico e no sobrenatural em torno de Jesus, ora apresentando-O como Ser humano inconfundível na Sua grandeza moral e simplicidade incomum, a realização de cada indivíduo começa na aspiração do amor, prolongando-se mediante a ação de servir e identificando-se de tal forma com essa decisão, que se lhe torne o *modus vivendi*, decorrência inevitável da incorporação do ato amoroso à realidade do ser.

(...) *Tem cuidado em não praticar as boas obras diante dos homens*, ocultando com sabedoria na naturalidade os momentos de beneficência e de amor que sejam ofertados em relação a quem sofre.

19
A PIEDADE
Ev. Cap. XIII – Item 17

*(...) Deu mesmo tudo o que tinha
para seu sustento.*
Marcos, 12:44

Caracterizou todo o ministério de Jesus, o sentimento da piedade, que demonstrou a Sua humanidade acima de todos os homens.

Compreendendo a fragilidade da estrutura moral dos indivíduos e das massas, nas quais perdiam a sua identidade pessoal, obumbrados pelas *sombra*s da ignorância a respeito das excelentes conquistas do Espírito imortal, Ele se fez compassivo e misericordioso em todas as situações, a fim de melhor ajudar mesmo àqueles que desconheciam o *milagre* da compaixão.

Não os lamentava, não lhes estimulava a penúria interior, envolvendo-os em miserabilidade, antes os alçava ao *Reino de Deus*, que neles se encontrava e podia ser conquistado com empenho, como qualquer tesouro que se deseje adquirir.

A Sua, porém, não era a piedade convencional, que logo passa, assim se afasta do fator que inspira ternura. Tampouco se fazia humilhante para quem a recebia, colocando o ser em postura inferior, nunca mesmo considerando tratar-se de desdita, mas sempre como uma experiência de crescimento interior, a dificuldade que se arrostava.

Rico de potências extrafísicas, não as exibia, utilizando-as somente quando podiam auxiliar a libertar do testemunho áspero da provação que alguém carpia.

Eram atitudes caracterizadas pelo envolvimento fraternal e por carinhosa atenção, chegando ao extremo de chamar os discípulos de irmãos, com inefável ternura, como ocorreu após a ressurreição, no memorável diálogo mantido com Maria de Magdala...

A piedade é sentimento excelso, porque parte da emoção que comparte a dor do seu próximo e busca diminuí-la. Possuidor de potencial dinâmico, não fica somente na expressão exterior, transformando-se em ação de beneficência, sem a qual esta última seria apenas uma forma de filantropia.

A piedade é a dileta filha do amor, que surge no homem quando este se eleva, alcançando níveis de consciência mais condizentes com o seu estado de conquistador do Infinito, que não cessa de servir.

Expressa-se de mil maneiras, desde a dor que punge aquele que a experimenta até as lágrimas que são vertidas sobre as feridas morais, balsamizando-as, ou o medicamento que se coloca nas pústulas expostas da degenerescência orgânica.

Ao tempo que verte compaixão, eleva a alma que se desdobra para viver ao lado do sofrimento e minimizá-lo, oferecer a linfa que mitiga a sede e o pão que elimina a fome.

Torna-se ainda mais grandiosa quando alcança o fulcro oculto dos sofrimentos íntimos que dilaceram a esperança e a alegria de viver, fazendo-se silêncio que sabe ouvir, palavra oportuna que esclarece e consola, gesto de entendimento e participação como cireneu, auxiliando a conduzir a cruz em anonimato dignificante.

Por isso, é discreta e ungida de amor, nunca se permitindo exibir o sofrimento de quem quer que seja, mas sabendo dissipar as *sombra*s e acolhendo o amargor do próximo com a luz da alegria sem alarde.

Jamais se cansa, porque é espontânea, rica de paciência, porque aprendeu a conviver com elegância com a própria dificuldade íntima, superando-a. Sempre vê em si aquilo que descobre no seu irmão, e que, apesar de ultrapassado, deixou os sinais do bem que resultou, doando-se com o mesmo envolvimento emocional, a fim de libertá-lo também.

Ademais, ao realizar a sua parte, a piedade faz que o ser volva para dentro o pensamento e considere quanto gostaria de receber, caso se encontrasse no estado que deplora no seu próximo, assim aumentando a capacidade de ajudar jovialmente.

É antídoto eficaz contra o orgulho e o egoísmo, porque nivela todos aqueles que sempre podem ser colhidos por dissabores e insucessos, enfermidades e desencarnação...

Jesus-Homem assim compreendeu a necessidade de viver e ensinar a piedade, chegando a ser peremptório, em a narrativa do óbolo da viúva, *que deu mesmo tudo o que tinha para seu sustento*, deixando que se entenda haver sempre algo de que se pode dispor, embora seja o mínimo de valor, máximo essencial para a própria subsistência.

Ninguém é destituído do sentimento piedoso, mas nem todos os corações se abrem a externá-lo quanto deveriam, vitimados por conflitos de culpa, de inferioridade ou de presunção, que os tornam desditosos, não obstante possuindo a generosa fonte da fraternidade.

A piedade de Jesus!

Dignificando o ser humano, Ele conviveu com pecadores e pessoas suspeitas, não se permitindo destacar, exceto pelas Suas qualidades intrínsecas e pelo Seu amor que se transformava em luz e pão, paz e unguento colocado sobre as almas em febre de paixões.

A Sua compreensão das necessidades humanas é expressão de piedade no seu sentido mais profundo.

Comportamento de *mãe* devotada e solícita, sempre atenta às necessidades dos filhos, e de *pai* discreto, mas trabalhador infatigável para que tudo se encontre saudável e em ordem na prole que tem aos seus cuidados.

A piedade expressa as duas naturezas do ser, unindo-as, identificando-as, harmonizando-as em perfeita sincronia vibratória.

Essa dualidade masculino-feminina, quando perfeitamente mesclada, apresenta o ser que supera as conotações das polaridades sexuais e seus apelos, transformando os hormônios em ondas de energia que vibram em todos os músculos e eliminam tensões, ao mesmo tempo vitalizando os campos sutis da alma e vinculando-a à Sua Causalidade, de onde haure mais poder e vitalidade.

Jesus conseguia esse desempenho por haver-se autossuperado e transformado todos os Seus anseios em empreendimentos de amor pela Humanidade, a fim de erguê-la a Deus conforme Ele próprio o lograra.

É o momento máximo da humanização esse, no qual já não se vive em si mesmo ou para si – como Paulo afirmava em outras palavras –, mas inundado do ideal e d'Aquele que é transcendência e imanência.

Não há, portanto, quem não se possa dispor ao mister da piedade, porque esse sentimento pode ser, talvez, o mínimo que se possua quando se está carente, na desolação ou na miséria, significando o próprio sustento, mas que pode e deve ser repartido para auxiliar ou para glorificar a vida.

A viúva da narração não titubeou em doar tudo quanto tinha, que era quase nada... Mas a sua foi a dádiva mais expressiva, porquanto os outros haviam dado o que lhes não fazia falta, ou por ostentação, por orgulho, já que teriam mesmo que os deixar na Terra, quando a morte os convidasse ao retorno... Isto porque, à luz da Psicologia Profunda, ela compreendeu que também era ser humano, que fazia parte da comunidade, viúva, mas não extinta, que vibrava desejando que a sociedade se mantivesse nos níveis aceitáveis para tornar os relacionamentos interpessoais dignos, tornando-se necessária também a sua quota, por menor que fosse, e então ofereceu tudo de que dispunha.

Estar vivo é participar do movimento humano, não obstaculizar a marcha do progresso, contribuir com o seu quinhão, por mínimo que se apresente.

Jesus sempre demonstrou a Sua humanidade, nunca se eximindo de participar da vida ativa da comunidade do

Seu tempo: as bodas em Caná, as atividades pesqueiras no mar da Galileia, as visitas aos enfermos, os cultos na Sinagoga, as visitas ao Templo de Jerusalém, as festas tradicionais do Seu país e do Seu povo...

Nunca se alienou, a pretexto de estar construindo o *Reino de Deus*; jamais se escusou, sempre que convidado a opinar, a participar, igualmente não se omitiu em relação aos escorchantes impostos, o que não significa conivência com eles, submetendo-se, inclusive, a um julgamento arbitrário e covarde, para demonstrar a Sua aceitação das leis terrestres injustas, em irrestrita e final confiança nas Divinas Leis.

Não se apresentou como um anjo distante das necessidades imediatas do povo: alimento, convivência, discussões, questões políticas e sociais, mantendo-se, entretanto, em postura característica da Sua superioridade moral e espiritual.

A Sua piedade era sinal de compreensão do processo evolutivo, pelo qual deveriam passar os homens que aos sofrimentos faziam jus, mas que os poderiam ter diminuídos por esforço próprio se se entregassem aos mecanismos terapêuticos do amor que liberta.

(...) *E deu mesmo tudo o que tinha para seu sustento*, lecionando que à medida que mais se dá, mais se enriquece o coração de piedade e de alegria de viver.

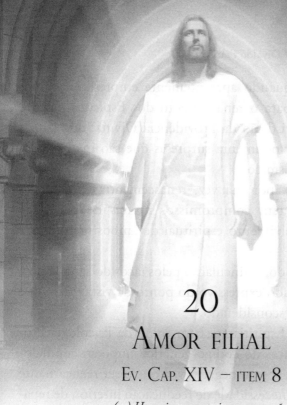

20
Amor filial
Ev. Cap. XIV – item 8

(...) Honrai a vosso pai e a vossa mãe.
Mateus, 19:19

A constituição de uma família não é resultado de *acidente biológico*, mas de uma programação que lhe precede à estrutura física e social.

As Soberanas Leis da Vida estabelecem códigos que se expressam automaticamente conforme as circunstâncias, obedecendo a padrões de comportamentos que estatuem as ocorrências no processo da evolução dos indivíduos em particular e da sociedade como um todo.

Os pais, por isso mesmo, não são seres fortuitos que aparecem à frente da prole, descomprometidos moral e espiritualmente. São pilotis da instituição doméstica, sobre os quais se constroem os grupos da consanguinidade e da afetividade.

Mesmo quando aparentemente emprestam as moléculas físicas para o renascimento dos Espíritos, encontram-se sob jurisdição da Providência Divina, que jamais improvisa ou experimenta surpresas que são inadequadas ao equilíbrio cósmico.

Os filhos, por sua vez, renascem através daqueles com os quais têm compromissos morais de gravidade para o desenvolvimento espiritual de ambos: genitores e descendentes.

Desse modo, a vinculação pelos laços do sangue possui um significado expressivo do ponto de vista ético, que não pode ser desconsiderado.

À luz do Espiritismo, bem como da Psicologia Profunda, as heranças do código genético impõem condicionamentos positivos ou negativos, a que o ser reencarnante se submete por necessidade de reeducação interior, de reparação de desmandos, de conquistas relevantes sob qualquer aspecto consideradas.

Não sendo o ser real o corpo, mas o Espírito pelo qual se expressa e que o comanda, todos os processos pertinentes à sua existência devem transcorrer dentro dos sentimentos de afeição e de respeito pelos pais, mesmo quando esses não correspondem à elevação do ministério de que se fizeram instrumento.

Nesse sentido, a piedade filial é das mais significativas manifestações de amor que o Espírito se deve impor, ampliando a área dos sentimentos e acrescentando outros deveres, quais os de gratidão, respeito e ternura impostergáveis.

Quando se trata de pessoas não vinculadas através do sangue, mas que se tornaram pais adotivos ou os representam, esse dever é ainda muito maior, considerando-

-se que o afeto de que se fizeram objeto possui um caráter mais grandioso, porque destituído da obrigatoriedade que a injunção carnal impõe, quando ocorre a edificação da família.

Esse formoso conceito expresso no *amar pai e mãe,* não se restringe somente ao afeto, à consideração enquanto se encontrem sob sua dependência econômica e civil, mas sobretudo quando lhes advêm a velhice, o cansaço, a enfermidade e as necessidades que devem ser supridas mediante carinho e devotamento.

O declínio das forças físicas e mentais através das enfermidades e do envelhecimento, que atinge todos quantos têm a existência prolongada, é a fase mais significativa para que os filhos demonstrem o seu reconhecimento e amor pelos pais, porquanto, no quebrantar das energias, a amargura, a insegurança e a insatisfação transformam-se em verdadeiros calvários para as criaturas humanas.

Como o jovem de hoje, inevitavelmente, não desencarnando antes, experimentará o processo de alteração celular, o bem que oferte aos genitores, além de dever, é também sementeira para o próprio amanhã.

Muitas vezes, os arroubos juvenis, os anseios de gozos, levam os jovens ao esquecimento dos pais, incidindo em grave erro, de que se arrependerão no momento próprio, especialmente quando se tornarem também genitores, dando surgimento a transtornos psicológicos perturbadores sob o açodar da *consciência de culpa.*

Anuímos com o fato de que muitos pais não correspondem ao dever que lhes diz respeito, atirando os filhos ao abandono, esquivando-se de atendê-los nas suas urgentes necessidades e sofrimentos, conduzindo-se levianamente e sem qualquer escrúpulo. Todavia, essa conduta enferma não justifica que aqueles que as sofreram ofertem a mesma moeda de ingratidão e o equivalente pão amargo de desrespeito, a fim de não derraparem pela rampa da loucura e da perversidade.

O *mandamento maior,* preconizado por Jesus, recomenda que o amor deve ser incessante e inevitável, coroando-se de perdão pelas ofensas recebidas. No grupo familial, esse amor deve ser mais expressivo, conduzindo o perdão a um tão elevado grau, que quaisquer ressentimentos de ocorrências infelizes se façam ultrapassados pela compreensão das dificuldades emocionais em que os genitores viviam, em razão da sua imaturidade moral, e mesmo de sutis causas que remanesciam de existências anteriores, gerando antipatia e mal-estar, que não raro se fazem recíprocos.

Na exteriorização desse sentimento de amor, a caridade é chamada a contribuir, por superar os impositivos afligentes, sustentando o ser moral e amparando-lhe as aspirações do bem, da beleza e da solidariedade, no sadio desejo de contribuir em favor da felicidade geral.

Há famílias desagregadas em clima de permanente perturbação, nas quais as lutas encarniçadas se fazem entre os seus membros, não poupando ninguém.

Ocorre que nelas o *campo de batalha* das reparações espirituais se apresenta organizado, a fim de que os litigantes compreendam a ditosa oportunidade de estarem juntos para se ampararem uns aos outros, se desculparem pelas ofensas que se permitiram anteriormente, encontrando novo rumo emocional para a experiência da felicidade.

As famílias, por isso mesmo, nem sempre são ditosas ou harmônicas, constituindo agrupamentos de difíceis entendimentos, por faltarem os instrumentos da paz, que cada membro desconsiderou em outra oportunidade, mas que agora retornam em carência.

Assim sendo, cada Espírito renasce, não no grupo da própria afetividade entre corações generosos e dignos, mas no clã onde tem necessidade de aprimorar-se pela paciência, pela resignação, pelo silêncio e pela bondade, preparando-se para o enfrentamento com os demais grupos sociais nos quais deve desenvolver os objetivos superiores da existência.

Nesses grupos infelizes de lutas, não poucas vezes, os futuros genitores programam filhos conforme os desejos vãos, induzindo mentalmente os fetos a determinados procedimentos futuros que não são aqueles para os quais retornam ao proscênio terrestre, e imprimem seus conflitos nas delicadas telas da alma dos reencarnantes, que irão experimentar posteriores distúrbios nas áreas sexual, artística, comportamental, que poderiam ser evitados. É certo que essa ocorrência encontra-se também estatuída nos compromissos das *Leis de Causa e Efeito*, que o livre-arbítrio poderia modificar, ensejando as reparações sob outras condições, sem os impositivos mórbidos da frivolidade dos pais.

Além das famílias consanguíneas, que oferecem os equipamentos para os renascimentos físicos, existem também aquelas de natureza espiritual, cujos vínculos são mais fortes, ligando os indivíduos que as constituem.

Em face das necessidades evolutivas, no entanto, a maioria dos Espíritos retorna nos grupos que lhes serão mais úteis do que naqueles que lhes proporcionariam mais alegrias e bênçãos.

Seja, porém, qual for o tipo de família em que cada ser se encontre, cumpre-lhe o dever do amor filial e fraternal, para bem desincumbir-se das tarefas que ficaram na escuridão dos erros transatos.

Quando Jesus, em pleno ministério, sabendo que *Sua mãe e Seus irmãos* O procuravam com ansiedade, de forma surpreendente interrogou ao grupo aturdido que O queria submeter à sua *sombra coletiva*: – *Quem é minha mãe e quem são meus irmãos?* – e após olhar em derredor, a todos elegeu como a Sua família, *pois que* – completou – *todo aquele que faz a vontade de Deus, esse é meu irmão, minha irmã e minha mãe.*

O Seu amor familiar ampliava-se a toda a Humanidade para a qual viera, rompendo os grilhões do grupo restrito, para ensinar que na condição de serem todos os indivíduos *filhos de Deus*, são uma só e única família.

Ele já se houvera desincumbido dos deveres no lar, encontrava-se na idade adulta, direcionava os passos para o objetivo essencial para o qual viera; não seria, portanto, lícito que se detivesse para atender às paixões e controles de qualquer natureza, em detrimento das determinações de Deus.

Absolutamente lúcido, dispondo da Sua faculdade de Espírito Superior, conhecedor do passado das criaturas e das injunções reencarnacionistas em que se encontravam, sem *abandonar* os compromissos morais da afetividade humana, preteriu-os, preferindo não se afastar por um momento sequer da determinação de realizar a tarefa encetada.

Amar, sempre, é o impositivo existencial, nele incluindo todo o clã e, particularmente, *pai e mãe, a fim de viver longo tempo na Terra que o Senhor Deus dará,* conforme preconiza o *Decálogo (Êxodo, cap. XX, v. 12).*

21
Luz da caridade
Ev. Cap. XV – Item 10

Então, vai, diz Jesus, e faze o mesmo.
Lucas, 10:37

Amar é dever de todas as criaturas, e ninguém se pode eximir de fazê-lo. Esse amor deve ser incondicional, chegando à totalidade como experiência de autoiluminação e de autolibertação.

Enquanto o ser humano se encontra nas faixas predominantes do *ego*, ata-se aos caprichos escravizadores que são decorrentes dessa atitude primária. No entanto, à medida que ama, dilui as amarras dolorosas e experimenta a alegria da liberdade em verdadeiro hino de louvor. Altera-se-lhe, então, a paisagem da emoção, e todo ele se transforma em um feixe de ternura, de ação dignificante, de paz irradiante.

Assim é o amor de Jesus-Homem: integral, total, incomum, aberto ao Pensamento Divino e mergulhado nele, de forma que se esparze como uma brisa refrescante, modificando o clima espiritual das criaturas que se Lhe acercam. Não há, nesse amor, nenhuma exigência, exceto a proposta da impregnação que todos se devem permitir acontecer. Trata-se de uma oportunidade ímpar que lhe altera o comportamento e a escala de valores em torno do significado da vida e do esforço existencial para conseguir a plenitude.

Toda a narração neotestamentária, à luz da Psicologia Profunda, é um convite à alegria, ao amor incomum que dimana de Deus e de que Jesus se fez o intermediário, tornando-a compreensível ao entendimento e ao sentimento.

Com esse amor, Jesus pretende alçar o ser humano à Sua condição, estimulá-lo a crescer, entender o elevado sentido e significado de si mesmo, os objetivos essenciais do seu existir, não havendo empecilho que não seja possível contornar ou eliminar. Trata-se, apenas, de uma opção forte, significando o desejo de ser livre e feliz.

Os indivíduos, psicologicamente infantis, querem que os amem, jamais se brindando ao amor. Somente aquele, porém, que está amadurecido, pode oferecer-se-Lhe e atingir o patamar da iluminação, decifrar a incógnita na qual se debate em torno da sua realidade espiritual.

Fazer o mesmo, aquilo que o samaritano discriminado e detestado fez em relação ao seu próximo que era judeu, seu perseguidor, é a mais vigorosa lição do pensamento cristão primitivo, que se entregava ao amor, especialmente direcionado àqueles que malsinavam e impiedosamente fustigavam com ódio inclemente os seguidores de Jesus.

Esse impositivo expresso por Jesus desarma a *sombra coletiva*, que se compraz na inferioridade moral das pessoas.

Jesus e o Evangelho à luz da Psicologia Profunda

Aquele, porém, que encontrou a resposta para anulá-la, já não será mais o mesmo, porque descobriu que é possível desativar os impedimentos que dificultavam a liberdade interior, a opção de ser pleno.

Com essa colocação, a *sombra* individual se desfaz e a responsabilidade do *Self* comanda as atitudes, antes tíbias e medrosas, naquele que ora desperta para novos cometimentos e definições morais.

Jesus aceitou o ambiente em que deveria viver, mas não permitiu que o mesmo Lhe influenciasse a conduta, alterando-Lhe o programa que trazia de Deus para a renovação estrutural das criaturas e do mundo social daquele e de todos os tempos futuros.

Com Ele não há possibilidade de a *sombra* tornar-se projeção, refletindo atitudes incomuns, porém, fixadas nos comportamentos que lhe dizem respeito.

Não poderia haver melhor modelo para ensinar o amor que esplende na ação da caridade do que a figura do samaritano escolhida por Jesus, considerando-se o seu desvalor para os judeus, a indignidade que lhe atribuíam, sendo ele quem socorre o adversário sem fazer-lhe qualquer interrogação, sem ao menos recordar-se de que o homem caído e espoliado é alguém que o maltrata e desconsidera, e que, por sua vez, o deixaria aos abutres e à morte, sem qualquer sentimento de culpa, caso a situação fosse oposta.

Condoeu-se, entretanto, viu-se a si mesmo abandonado e vencido, reconhecendo no outro a *imagem e semelhança de Deus*, porque seu irmão, embora ele não o considerasse, e assim, tomado de compaixão, socorreu-o, deu-lhe a alimária, seguindo a pé e protegendo-o de qualquer tombo, a fim de o amparar em uma hospedaria.

Essa hospedaria pode ser considerada, psicologicamente, como um símbolo feminino, é a *anima*, o amor da mãe que alberga no seio o filho cansado e necessitado de proteção, recolocando-o no ventre e o sustentando. Ali, ante a exigência do hospedeiro, representação inevitável do *animus*, o estrangeiro remunera-o convenientemente, atendendo-lhe ao *ego*, e afirma que mais pagará quando do retorno, caso o enfermo gaste além do que estava sendo previamente acertado.

Há uma harmonia psicológica tão profunda na parábola que encanta e concede-lhe caráter de integração num conteúdo perfeito.

A *sombra* do hospedeiro também cede lugar à claridade do Bem, porque confia que o estranho voltará para concluir o pagamento, caso o amparado exija maiores cuidados e despesas.

Certamente, o homem ultrajado jamais conhecerá o seu benfeitor. Tampouco esse saberá do que aconteceu posteriormente com o seu beneficiado. A ele interessa ajudar naquele momento, porque depois seria tarde demais. Não lhe fazer o bem seria uma forma de estimular o mal. Sua consciência não anuiria com uma atitude de *sombra* de tal natureza, porque ele já se encontrava liberto do condicionamento de revidar prejuízo por prejuízo, perversidade por perversidade.

A sua condição de humanidade ergueu-o do primarismo que governa muitos sentimentos e facultou-lhe alçar-se ao discernimento útil e generoso.

Jesus e o Evangelho à luz da Psicologia Profunda

É esse o sentido da caridade com Jesus. Não se trata da doação que humilha, do oferecimento das coisas e pertences inúteis, dos excessos que entulham móveis e mofam nos armários.

Ele já o demonstrara quando da Parábola da Viúva Pobre, que deu a pequena moeda que lhe ia auxiliar na alimentação do dia, por isso, muito mais valiosa do que todo o supérfluo em joias, moedas e objetos de alto preço que foram colocados no gazofilácio.

Aquela foi uma forma de autodoar-se, de entregar tudo quanto possuía e lhe era necessário, anulando o egoísmo em favor do significado religioso da oferta.

Somente assim, dando e doando-se, o indivíduo se salva, se liberta das paixões, desescraviza-se da posse infeliz; torna-se uno com o Bem que frui e esparze, volvendo ao *Reino dos Céus* sem estar acorrentado à Terra.

Esse é o sentido exato da caridade: libertação do *ego* e plenitude do *Self*.

Quando isso não ocorre, nenhuma crença libera da escravidão a que se permite o adepto. Necessário saber, portanto, como viver a crença, que fazer dela em forma de ação edificante, que resulte em bênçãos para o próximo e, consequentemente, para si mesmo.

Crer é uma experiência emocional, mas saber é uma conquista da inteligência que experiencia a realidade e se deixa arrebatar, nunca mais alterando a consciência em torno do que conhece.

Pode-se mudar de crença; mas quem passa a saber enquanto vive em clima de normalidade, nunca mais ignora. Está ciente e vive consciente.

A caridade resulta na lição mais pura e mais profunda do amor de Jesus, que se prolongará por toda a Igreja cristã primitiva, mas que se corromperá na forma degradante da esmola que humilha e espezinha aquele que necessita, assinalando-o com a miséria, roubando-lhe a identidade que o dignifica.

O doutor da lei, que buscou Jesus, era o representante por excelência da *sombra coletiva* existente. Ele sentia que o Mestre, o Homem de Bem, o Messias esperado, era Aquele com quem dialogava. No entanto, a sua *sombra* individual, invejosa e ciumenta, desejava colhê-lO numa armadilha, bem ao gosto da inferioridade dos pigmeus morais, das crianças psicológicas que, embora adultas, se negam ao amadurecimento da responsabilidade, da autoanálise, da autoconsciência.

Sentindo-se incapaz de ser semelhante a Jesus, traiu a própria inferioridade, desejando perturbá-lO, levá-lO ao ridículo.

A sua foi a pergunta que apresentam os impostores, porque sabendo da resposta, desejam conferi-la com a que lhes podem dar aqueles que lhes despertam o ciúme inconfesso e a inveja mesquinha.

Era-lhe totalmente impossível ignorar o que se fazia necessário para *possuir a vida eterna*. E tanto era verdade que, por sua vez, interrogado por Jesus a respeito do que estava escrito na lei, foi taxativo em repetir o Decálogo, demonstrando a lucidez da memória e o atraso dos sentimentos.

Com a sabedoria e profundidade de percepção que eram peculiares ao Mestre, inferindo da resposta que o interrogante conhecia como encontrar a vida triunfante, utilizou-se das figuras dominantes-hediondas de outro sacerdote e de um levita, que representavam o *lado escuro* da sociedade preocupada com os triunfos da ilusão para confrontá-los com o samaritano, que se postava em condição de inferioridade, demonstrando que o amor é soberano, que independe de posição social, de raça, de privilégio. Ele mesmo é um privilégio que engrandece quem o vive e pode espalhá-lo.

A *Parábola do Bom Samaritano* é um poema da mais profunda psicologia do Mestre para com a Humanidade, que após ouvi-la, conscientemente, nunca mais poderá ser a mesma, tornando-se necessário a cada indivíduo atender a ordenança:

– *Então, vai* – diz Jesus –, *e faze o mesmo.*

Ajudar é auxiliar-se, libertar é forma nobre de tornar-se livre.

22
PROPRIEDADE
Ev. Cap. XVI – Item 7

*(...) Não podeis servir simultaneamente
a Deus e a Mamon.*
Lucas, 16:13

O homem, na perspectiva da Psicologia Profunda, é um ser real, estruturalmente parafísico, revestido de corpo somático, que lhe permite o processo de construção de valores ético-morais e aquisições espirituais que o tornam pleno, quanto mais conquista e ascende na escala evolutiva com abandono das mazelas que lhe constituem embaraço ao progresso.

Criação do Psiquismo Divino, é germe de vida fadado ao desabrochar de mil potencialidades que lhe dormem na essência, que é a sua realidade.

Cada etapa do desenvolvimento emocional e moral rompe-lhe envoltórios grosseiros que resguardam os tesouros-luz que lhe cumpre desvelar.

Qual diamante valioso e desconhecido, oculto em grosseiro revestimento, a lapidação lhe favorece o surgimento da grandeza de que é investido.

A sua emancipação resulta do esforço que empreende para vencer os obstáculos que lhe dificultam o voo no rumo da plenitude que o aguarda. Etapa a etapa, no entanto, adquire força que o propele a vencer os empecilhos e autoencontrar-se ao longo da marcha ascensional.

Mergulhando no corpo, e dele saindo sempre com as conquistas adquiridas, que lhe servem de investimento para experiências mais audaciosas, o *Self* se desenovela dos impositivos do *ego* até esplender em magnífico sol de autorrealização.

Depositário de incomparáveis títulos de enobrecimento, perde-se, temporariamente, no báratro do *processus* iluminativo, demorando-se por ignorância ou teimosia na ilusão em que mergulha e de que se deve libertar, não poucas vezes a sacrifício e abnegação com vistas aos resultados compensadores que lhe advêm.

Por instinto de conservação da vida, apega-se aos recursos que lhe passam pelo caminho: afetivos, emocionais, materiais e, sem as reservas morais suficientes, submete-se-lhes, escravizando-se, para depois vencer, a ingentes lutas, a situação calamitosa a que se atirou.

As experiências não vivenciadas, as circunstâncias ainda não conhecidas constituem-lhe a *sombra*, que se pode apresentar, também, do nosso ponto de vista, como os insucessos, os abusos, os desgastes a que se entregou, fazendo-a densa, porque necessitada de diluir-se através de outras atitudes compatíveis com as conquistas da inteligência e do sentimento.

A propriedade é conquista antropossocioeconômica que resulta de longas buscas nos relacionamentos humanos, objetivando harmonia e respeito pelos valores indispensáveis às trocas que fomentam o comércio, que nobilitam a existência e que promovem o progresso

Em grande parte, é resultado da avareza, da ilicitude, da ambição desmedida, de atos ignóbeis, como heranças do primarismo de que ainda não se libertou imenso contingente de seres humanos.

Normalmente, porém, é aquisição digna de cada qual, que envida sacrifício e habilidade, conhecimento e labor a fim de adquiri-la, pensando de forma previdente nos dias difíceis da velhice, da enfermidade, da morte...

A sociedade, de alguma forma, estabelece os seus sistemas nos valores e posses dos grupos afins, das entidades congêneres, das nações e seus recursos, de modo a facilitar o intercâmbio bem como a competitividade de produtos e bens de consumo entre as pessoas e os povos da Terra.

Tem um fim providencial, que é desenvolver a indústria, a ciência, fomentar as artes, facilitar a comodidade e propiciar valores que contribuem para a sobrevivência dos indivíduos e dos grupos humanos.

Entregar-se à sua conquista é dever de todo indivíduo que pensa e constitui célula do organismo da sociedade. A família depende desses recursos, como a própria criatura, trabalhando em favor da harmonia do grupamento no qual se encontra colocada.

Constitui um laço que retém o indivíduo à vida física, estimulando-o ao crescimento intelectual e cultural, para mais facilmente aumentar os haveres.

O risco da posse ou da aquisição da propriedade não está no fato em si mesmo de os conseguir, mas na maneira como isto se dá, além do que representa emocionalmente.

Se é um meio para alcançar-se equilíbrio e bem-estar, torna-se instrumento dignificante; todavia, se se converte em único objetivo existencial, transforma-se em gigante cruel da realidade do ser, que se lhe escraviza e atormenta as demais pessoas que lhe padecem a insegurança e ambição.

Há perigos na posse, que resultam do estágio espiritual daquele que a armazena, deixando-se dominar pelos valores transitórios, a que atribui duração permanente, escorregando na loucura do desregramento que proporcionam, ou das paixões de outra ordem a que se entrega, desejando usufruir além das possibilidades de manter o próprio gozo.

A posse que leva à riqueza, à fortuna, também facilita os desmandos, o exacerbar dos sentimentos vis como o orgulho, o egoísmo, a vaidade desmedida, a alucinação argentária em detrimento do enriquecimento interior, que se consegue por meio da abnegação, da renúncia, do devotamento e, sobretudo, da seleção de valores entre aqueles que são eternos e os efêmeros, que transitam de mãos.

O Homem-Jesus sabia-o, e esclareceu com vigor que não se pode servir simultaneamente a dois senhores com a mesma dedicação, que podem ser também interpretados como a realidade do Si e o capricho do *ego*. O primeiro é permanente; o outro, transitório. Enquanto um necessita de previdência e equilíbrio para o engrandecimento e a conquista de mais altos patamares, o outro permanece mesquinho e diminuto, comprazendo-se no imediatismo inseguro de necessidades que se renovam sem cessar.

O ser humano tem o dever de selecionar os objetivos existenciais, colocando-os em ordem de acordo com a qualidade e o significado de todos eles, para empenhar-se em destacar aqueles que são primaciais, exigindo todo o empenho, e aqueloutros que são secundários, podendo ser conduzidos com naturalidade, sem maior sofreguidão.

A propriedade pode tornar-se, em razão do *ego*, motivo de males incontáveis, como sob a inspiração do *Self* transformar-se em fonte de inexauríveis bênçãos para aquele que é o seu momentâneo detentor e os outros que se lhe acercam em carência.

Deus faculta a riqueza, proporcionando recursos ao ser humano para desenvolver a consciência e ampliar os sentimentos superiores.

A aquisição de valores propicia e estimula o trabalho incessante, motivando o homem à renovação das forças e aos empreendimentos que se multiplicam em competição justa pelo adquiri-las. É estimulante para a existência física e fator de identificação social no grupo em que se movimenta.

Jesus compreendia a finalidade superior da propriedade, por isso, valorizou-a, quando conviveu com os homens de bem e aqueles que possuíam recursos, estimulando-os, porém, a buscarem o *Reino dos Céus*, de que se haviam esquecido.

Quando se reportou aos ricos, aparentemente apresentando palavras duras, não se deteve somente na referência aos detentores de coisas, moedas, minerais preciosos, propriedades, escravos, mas também aos possuidores de exacerbado orgulho, de incomum dureza de sentimentos, de rancor e de ódio, de presunção e de avareza, que também são possuidores de *preciosos bens*, de que não se dispõem a libertar.

Por outro lado, a inteligência, a saúde, a memória, as aptidões gerais constituem recursos valiosos de que se deve utilizar o Espírito com sabedoria, a fim de dar conta, mais tarde, da aplicação que foi feita.

Não são poucos aqueles que se empenham para conseguir propriedades, que os tornam desditosos, incompletos, mais ambiciosos, enquanto deveriam reflexionar em torno da sua realidade psicológica, dos haveres morais e sentimentais, empenhando-se pela conquista de segurança espiritual, em vez daquela de natureza física, que mil fatores mutilam, alteram ou destroem com facilidade.

Os valores que jamais se perdem, são as conquistas elegidas pela razão e pela emoção, que não se transferem de mãos, não perdem a atualidade, constituindo fonte incessante de enriquecimento interior.

Em um estudo profundo da consciência humana na Sua e em todas as épocas, o Mestre Jesus foi de uma clareza incomparável, estabelecendo que *não podeis servir simultaneamente a Deus e a Mamon*.

23
A AVAREZA
Ev. Cap. XVI – Item 11

(...) Esta noite mesmo tomar-te-ão a alma...
Lucas, 12:20

Diante do Cosmo abundante e generoso, com infinitas possibilidades de progresso e de engrandecimento de valores, somente o ser humano se expressa com mesquinhez e avareza, preocupado com a posse efêmera, que lhe pareceria garantir a perenidade da vida e a segurança existencial.

A falsa conduta social de acumular para deter é remanescente do *instinto primário*, que se assegura da possibilidade de retenção da presa para o repasto futuro, sem dar-se conta da variedade de recursos que se encontram em torno e servirão para a preservação da vida.

Essa força, quase incoercível porque ancestral, fincada no *ego*, responde pelos conflitos sociais e econômicos, políticos e psicológicos, que arrastam multidões ao desespero, escravizando os sentimentos e as aspirações pela posse, que se expande na área da afetividade como herança patriarcal de que tudo quanto se encontra à sua volta é-lhe de propriedade. Nesse sentido, a família, os amigos, os objetos são sempre seus, sem que, por sua vez, se permita doar aos outros.

Tal condicionamento leva o indivíduo, na sua masculinidade, à prepotência sobre o feminino *frágil e pecador*, responsável pela sua perda do Éden mitológico.

Jesus-Homem, à luz da Psicologia Profunda, arrebentou esse pressuposto de dominação patriarcal, realizando a superior androginia figurativa, quando harmonizou o Seu *animus* com a Sua *anima*, em perfeita identidade de conteúdos, o que Lhe permitiu transitar pelos diferentes comportamentos emocionais, mantendo a mesma qualidade de conduta.

Jamais Lhe aconteceu a predominância essencial de um conteúdo psicológico em detrimento do outro, que sempre se encarrega de contrabalançar a atitude, destacando o ser essencial e não o seu exterior.

Essa *dualidade* será sempre vivida em tal elevação, que Ele superou o ambiente em que viveu, destacando-se pela qualidade de valores adotados e propostos, sem jamais desvincular-se do programa que veio trazer ao mundo, revolucionando as mentes e preparando-as para o advento da Nova Era.

Nessa conduta, desvelou Deus todo amor, sem a terrível herança patriarcal, que O transformava em um monstro esquecido da própria criação, na qual a dualidade é fundamental para a unidade.

Eliminou a futura conceituação teológica de que Deus oferecera o sangue do Seu filho para aplacar a própria fúria, desse modo salvando a Humanidade que, a partir daí, estaria justificada do seu erro ancestral. O ser humano, que se teria afastado de Deus pela desobediência, somente se reconciliaria com Ele mediante Cristo, que seria a ponte do sacrifício em favor da redenção de todos os homens... e mulheres.

No estudo neotestamentário, em que um homem Lhe pede que recomende ao seu irmão para com ele dividir a herança que era motivo de litígio entre os dois, o Mestre lhe respondeu, interrogando: – *Ó homem! Quem me designou para vos julgar, ou para fazer as vossas partilhas?* Em seguida, após uma breve reflexão, acrescentou: – *Tende o cuidado de preservar-vos de toda a avareza, porquanto, seja qual for a abundância em que o homem se encontre, sua vida não depende dos bens que possui.*

Para que ficasse inolvidável a lição, narrou então a parábola do rico que era dono de terras, que cuidava de ampliar a fortuna até o excesso, e quando já não mais tinha onde armazenar os haveres, propôs-se a dormir e a gozar, a desfrutar de todos os bens até a exaustão, esquecido de que naquela noite o Senhor da Vida lhe tomaria a alma...

Ressuma, nessa história, o patriarcado da consciência, na simbologia do juiz, que querem imputar a Jesus como figura masculina ancestral desencadeada, que era predominante no comportamento jurídico e social da época.

Jesus jamais veio para julgar e condenar, dividir e justificar. Isso significaria destruir o sentido profundo da Sua mensagem, tornando-O trágico em Sua construção de amor. Nessa postura psicológica do patriarcado remanescente, seria olvidada a realidade do feminino, mesmo que inconscientemente, evitando a harmonia integrada, que responde pelo ser perfeitamente identificado com a vida, sem injunções caprichosas ou fragmentações dominantes.

Nunca o Homem-Jesus foi dominado, segundo a Psicologia Profunda, por representações inconscientes arquetípicas. Os Seus arquétipos procediam de outras imagens ancestrais representativas de Páramos vibratórios superiores que transcendem ao entendimento comum, portanto, sem dominações fragmentadas.

Dessa forma, Ele não era juiz, não impunha a lei, vivia-a e sofria-a, ensinando submissão aos códigos, mesmo quando injustos, com o objetivo de estimular cada ser a ascender aos patamares superiores do pensamento e da consciência, libertando-se de qualquer retenção no egoísmo ou na inferioridade competitiva existente nos escalões inferiores da transitoriedade carnal.

A questão da riqueza assumiu na Boa-nova uma postura relevante, porque verdadeiramente ricos não são os possuidores de coisas e volumes da ambição, mas aqueles que se fizeram *pobres* do espírito de avareza, de paixões inferiores, de angústias, enriquecendo-se no *Reino dos Céus* que se inicia na Terra, com os dons da renúncia, da abnegação, do amor que se engrandece até a postura da caridade.

Essa busca ininterrupta, a que se deve entregar o ser humano, é o desafio psicológico do autoencontro, da descoberta da realidade espiritual, do sentido profundo da existência além do campo das formas objetivas e sensuais.

Assim somente se pode entender o significado essencial da Boa-nova que Ele veio trazer ao mundo, para que o mundo se libertasse da sua *sombra coletiva* e o ser humano iluminasse o seu *lado escuro* com a claridade da consciência lúcida, elevando-se a níveis cósmicos mais felizes e completos.

A missão inteligente do ser humano na Terra é a de promover o próprio como o progresso geral, e aí reside o fim providencial da riqueza, que estimula a criatividade com fins nobres e a dignificação espiritual, mediante a ampliação do pensamento que se desveste das couraças do mito para realizar obras em favor do seu crescimento emocional e moral.

Através da postura do amor surge a compreensão de como aplicar-se a riqueza, multiplicando-a em obras que favoreçam todos os seres com oportunidades de desenvolvimento dos valores internos, alterando as paisagens íntimas através das conquistas que lhes são apresentadas.

A caridade então assume novas características, dignificando aquele que necessita, por facultar-lhe conquistar com dignidade o pão e o lar, a educação e a saúde por meio do próprio esforço que investe no trabalho honrado, e que lhe é facultado pelo possuidor de riquezas. Essa forma de aplicar a sã virtude da caridade faz que mais se autoenriqueça o administrador, do que apenas amealhando nos cofres da usura e da avareza, nos quais perde totalmente o significado conforme é atribuído pela sociedade aos bens materiais.

O transcurso de uma existência corporal é sempre de rápida expressão de tempo e de lugar, porquanto o carro orgânico passa com muita velocidade, quando se consideram a dimensão do futuro e a intemporaridade do presente.

Viver-se esse presente – tempo – como presente – dádiva – em um constante serviço de construção interior, exercendo a ação de enriquecimento geral, é o dever que cabe aos possuidores de riquezas, que as tornarão abençoadas pelos contributos que espalharem em torno dos seus recursos.

Mais importantes, porém, do que esses bens amoedados e acumulados em arcas ou bancos, são aqueles de ordem emocional e espiritual, moral e social: a inteligência que sabe administrar a existência corporal; a memória que se encarrega de arquivar as experiências, as tendências para o bem, o bom, o belo, o eterno; os sentimentos do dever defluentes da consciência que atua em consonância com as Soberanas Leis da Vida.

São esses tesouros, sem dúvida, mais preciosos do que os materiais, que podem transformá-los em valiosos empreendimentos salvadores de vidas, como a instrução, a educação, a libertação dos vícios em razão do amparo no campo da saúde e do trabalho, propiciando felicidade em toda parte.

A fortuna, seja como for que se manifeste, é alta responsabilidade de que o seu detentor terá que prestar contas, inicialmente a si mesmo, pelo açodar da consciência responsável quando desperta e impõe a culpa pelo seu mau emprego, e diante da Consciência Cósmica, da qual ninguém se evade por presunção, capricho ou infantilidade emocional...

Na pobreza ou na riqueza, o ser adquire experiências valiosas que lhe devem constituir patrimônio de crescimento no rumo do Infinito, nessa marcha inexorável pela busca de Deus, ampliando a capacidade de servir e de amar, porquanto, de um para outro momento, pode soar-lhe uma voz, que dirá:

— *Que insensato és! Esta noite mesmo tomar-te-ão a alma...* e que sentido terá tudo quanto foi ou não armazenado, senão quando aplicado com elevação e sabedoria?

24
Perfeição
Ev. Cap. XVII – Item 2

Sede, pois, vós outros, perfeitos, como perfeito é o vosso Pai celestial.
Mateus, 5:48

A incessante luta do Espírito é direcionada para a perfeição relativa que lhe está destinada.

Rompendo, a pouco e pouco, as *couraças* que lhe obstaculizam alcançar a meta, desvestindo-se dos equipamentos grosseiros, que são heranças das experiências iluminativas por cujo trânsito se movimentou, investe os melhores recursos quando alcança o nível de consciência lúcida para fazer brilhar a sua luz.

Essa *chispa divina*, que deve mergulhar no barro carnal, a fim de desenvolver o deus interno que se encontra adormecido, engrandece-se à medida que vence a *sombra profunda* que a reveste, experienciando valores cada vez mais nobres que lhe constituem graus de desenvolvimento moral e espiritual. Em cada etapa supera um óbice e cresce, ampliando a capacidade de identificação com a vida, mediante o processo de aprendizagem que lhe cumpre realizar a esforço pessoal, longe de qualquer protecionismo ou excepcionalidade, tendo-se em vista a Superior Justiça que rege todos os destinos.

A fim de que seja alcançado esse mister excelente, o método se encontra ínsito no amor, que é recurso valioso para facultar o entendimento em torno dos acontecimentos e das pessoas, suas oportunidades e suas irmãs espirituais, iluminando-se com o discernimento que a capacita para novos empreendimentos e lutas.

Tratando-se de um processo de longo alcance, não poucas vezes a *sombra* elege o prazer em vez do dever, gerando conflitos e vinculando-a a viciações de que passa a depender, quando poderia avançar mediante recursos menos penosos.

Adaptada aos primeiros fenômenos automatistas da evolução, passa pelos instintos que se lhe fixam demoradamente, necessitando ser transformados em sentimentos, no que terá que investir sacrifício e abnegação para desenovelar-se dos condicionamentos geradores de gozos penosos e exaustivos.

Jesus, o Homem sábio e nobre, compreendeu essa dificuldade inerente ao estágio de desenvolvimento dos Seus contemporâneos e, enquanto dissertava sobre a necessidade do amor em relação aos adversários, propôs enfaticamente a necessidade da perfeição. Impossibilitadas de compreender as sutilezas morais dos Seus ensinos, aquelas mentes imediatistas e *ensombradas* necessitavam de um modelo que lhes permitisse o entendimento, e assim o Mestre apresentou o Pai como a síntese absoluta que é da perfeição; no entanto, inalcançável, pois que o Espírito criado jamais poderá ser igual ao seu Criador.

Essa busca sugere a transformação moral incessante, a superação do *ego* severo e vigilante, facultando a libertação do *Self*, cujo campo de ação ainda se encontra impedido para a sua plena e total manifestação.

O amor ao próximo recomendado pode ser definido como companheirismo, solidariedade no sofrimento e na alegria, amizade nas situações embaraçosas, capacidade de desculpar sempre, produzindo uma vinculação afetiva que suporte os atritos e os conflitos típicos de cada qual. Pelo seu significado profundo, é um amor diferenciado daquele que deve ser oferecido ao inimigo, a quem se fez ofensor, projetando sua imagem controvertida e detestada por si mesmo naquele que se lhe torna vítima. Amar a esse antagonista é não lhe retribuir a ofensa, não o detestar, não o conduzir no pensamento, conseguir libertar-se da sua diatribe e agressividade.

O amor libera aquele que o cultiva. Por essa razão, o mal dos maus não ata a vítima ao algoz, deixando-a em tranquilidade, o que não ocorre quando o ressentimento, o desejo de revide, a amargura se instalam, porque, de alguma forma, a pessoa passa a depender das vibrações maléficas do seu perseguidor.

Esse sentimento desenvolve os significados éticos da individualidade, porque a prepara para futuros embates, nos quais se fazem necessários a paciência, a compaixão, a caridade e o sentimento solidário.

As imagens convencionais do inconsciente humano rejeitam formalmente o perdão ao inimigo e, consequentemente, o amor a quem lhe causou dano e perturbação.

Não faltarão aqueles indivíduos que informarão tratar-se de um postulado ingênuo esse amor em um mundo de perversidade, no qual se deve estar armado contra os perigos de cada momento. Todavia, na Sua visão profunda, Jesus sabia das circunstâncias difíceis por que passam as criaturas, e assim mesmo estabeleceu o amor como *arma invencível* contra o mal e a favor dos maus. Isso, porque o amor é penetrante e altera o comportamento, dulcificando quem o exterioriza e aquele que o recebe, já que procede de vibrações saturadoras do *Eu superior*. Não há, pois, como negá-lo diante das lições constantes dos relacionamentos humanos, nos quais somente esse sentimento consegue transformar moralmente o que a claridade da razão simplesmente não logra.

A atualidade, fria e cristalizada em reações psicológicas e morais contra a afabilidade e a ternura, tem, não obstante, a ideia correta da sã identidade de Jesus como Homem superior que venceu todas as oposições que se Lhe antepuseram.

Nessa *imagem* conceptual do Homem-Jesus, pode-se conceber de alguma forma a grandiosidade de Deus, superando qualquer conceito estabelecido de identidade e de humanidade, no ultrapassado antropomorfismo que a mitologia religiosa do passado Lhe atribuiu.

Dessa maneira, nenhuma possibilidade existe de alguém ser *perfeito como perfeito é o vosso Pai celestial*. Não obstante, pode-se inferir que é possível despojar-se do primarismo, como o diamante para brilhar deve libertar-se de toda a ganga, passando pela necessária lapidação, a fim de que suas várias facetas reflitam a luz de fora, possuidor que é de pureza e luz interna...

Em razão das lutas ásperas que devem enfrentar, o homem e a mulher contemporâneos sofrem de bloqueios profundos no inconsciente a respeito da necessidade de perfeição, encontrando-se mais preocupados com a conquista dos recursos que lhes propiciem comodidade hoje e repouso na velhice, esperança de melhores dias longe da enfermidade e do sofrimento, descuidando-se do essencial, que é o esforço para autoabrir-se aos pressupostos espirituais de Jesus, como terapia e solução para as questões afligentes do cotidiano.

Somente quando o ser humano conseguir a própria integração, tornando-se uno consigo, isto é, realizando a perfeita harmonia entre o ser interno que é e o externo que apresenta, realizando e vencendo a luta intrapsíquica contra o estabelecido como triunfo e felicidade, aceitará os desafios propostos por Jesus.

Krishna propôs ao discípulo Ardjuna lutar contra os *kurus*, que são os vícios, utilizando-se da sua posição na casta *pândava*, portadora de virtudes e, não obstante os primeiros fossem mais numerosos, os últimos poderiam vencê-los com empenho. Porém, essa luta desigual exigiria um campo de batalha próprio, e o mestre informou ao aprendiz que seria na consciência que se travaria, portanto, de natureza intrapsíquica, sem aplausos nem proteções especiais.

Tem faltado na educação psicológica do ser humano a contribuição da confiança abrangente, aquela que recomenda a formação de alicerces morais tranquilos e fortes, desde que ministrada em calma e amorosamente. O contrário é o que tem lugar na desconfiança geral diante de todos e de tudo, aguardando-se os sinais definidores de qual rumo emocional se deve tomar, a fim de não se ser colhido pelo desar.

O esforço pela perfeição, portanto, é válido, porque se antepõe à *sombra*, elimina projeções negativas, estabelece pilotis de harmonia, contribuindo para o bem-estar do indivíduo em qualquer situação que lhe surja.

Asseveram com pessimismo os campeões da *sombra coletiva* que o mundo é mau e deve ser combatido com astúcia e argúcia, jamais cedendo, nunca recuando, mantendo-se vigilância constante contra as suas armadilhas.

O ser, porém, que busca a plenitude, não se turba diante desse conceito derrotista, porque sente que a realidade é muito diferente desse informe doentio, e pode observá-lo nele mesmo, que aspira à situação mais enriquecedora e a experiências mais felizes.

Pela autoanálise começa a avaliar quantos outros indivíduos também se encontram aspirando a esse equilíbrio, a essa perfeição, e empenha-se mais para tornar exequível o esforço direcionado para o bem e para a plenitude.

O básico, o comum, já não lhe bastam, porque aspirando a mais e a melhor, respira uma psicosfera mais sutil e renovadora, desintoxicando-se dos vapores deletérios nos quais estão mergulhados aqueles de *consciência de sono*, que ainda se comprazem no prazer físico, nos jogos dos sentidos e nas ilusões que lhes povoam a casa mental.

Jesus é, em todo o Seu ministério, um Homem são, transitando por um mundo enfermo e trabalhando-o para que se assemelhe àquele de onde veio, e que oferece a todos quantos desejem segui-lO.

Da mesma forma que nenhuma sujidade atirada contra a luz do Sol a atinge, as injúrias e calúnias contra Ele assacadas não O alcançaram, porque estava isento de sintonia com as contingências do Seu tempo terrestre.

A partir da proposta neotestamentária em favor de um mundo sadio e de uma sociedade melhor, graças à imensa contribuição da Boa-nova, pode-se, perfeitamente, aceitar a proposição:

– *Sede, pois, vós outros, perfeitos, como perfeito é o vosso Pai celestial.*

Na tentativa de buscar-se essa perfeição moral, já se pode sentir-lhe os efeitos salutares no íntimo, pela satisfação de encontrar-se empenhado na autolibertação e autossuperação da *sombra*.

25
Convidados e aceitos
Ev. Cap. XVIII - Item 2

(...) Porque muitos são os chamados e poucos os escolhidos.
Mateus, 22:14

Toda a mensagem de Jesus é um confronto com a existente no mundo. Seu subjetivismo é objetivo e real, porque se assenta em parâmetros de lógica que fogem ao imediatismo, transferindo-se dos simples acasos para uma causalidade extrafísica, cujas conexões lentamente são identificadas pela pesquisa espírita, Parapsicologia e pelas demais doutrinas de investigação da vida transpessoal. A Psicologia, no momento, já detecta, a pouco e pouco, essas conexões cujas causas fogem ao plano apenas subjetivista, porque fundamentadas em realidades legítimas fora dos sentidos objetivos.

A *sincronização*, embora elucide alguns desses fenômenos, não abarca toda a gama de conexões que facultam a sua ocorrência. Isso porque o ser espiritual governa os acontecimentos que têm campo no mundo físico, rico de fenômenos que, não obstante, são só aparentes.

Partindo-se para uma análise da energia e das suas várias nuances de expressão, constatam-se efeitos múltiplos que, aparentemente, seriam resultado de uma casualidade ao comprimir-se, por exemplo, um botão e abrir um espaço fechado, ou emitir-se uma onda que, embora invisível, conecta com segurança a antena de um satélite, enviando mensagens visuais e auditivas, portadora de força peculiar para agir com exatidão conforme a intensidade de que se revista. A uma observação menos cuidadosa, esse fenômeno pareceria casual, desde que não se pudesse repetir tantas vezes quantas desejadas.

Graças às percepções anímicas e mediúnicas desveladas e estudadas com critério pelo Espiritismo, esses fenômenos repetem-se com as mesmas características, variando de conteúdo em razão da diversidade dos agentes que os acionam.

Assim, o discurso de Jesus é sempre portador de um conteúdo subjetivo que não se adapta à visão e ao *modus operandi* da sociedade do Seu e dos tempos futuros, estabelecida sobre bases da percepção sensorial, do lógico e racional imediato, do concreto e do comum.

Os *primeiros*, nas convenções sociais, são sempre aqueles que se esforçam, que triunfam, que conseguem romper as barreiras impeditivas do desenvolvimento convencional, granjeando fama e recebendo honrarias. Os *últimos*, são os desclassificados, os fracos, os incapazes de sobreporem às próprias deficiências o valor moral e suas manifestações de dignidade e de caráter.

Somente se poderá entender que os *últimos são os primeiros*, quando se analise outra proposta não menos perturbadora do Seu convite, informando que a *porta é estreita*, aquela que conduz à salvação, à libertação dos atavismos perniciosos e dos vícios, enquanto a *do mundo é larga*, prazerosa, de resposta imediata, porque totalmente aberta às sensações que se fazem insaciáveis, portanto, profundamente desgastantes, não compensadoras.

A eleição da *porta estreita*, aquela que é resultado da luta intrapsíquica em favor das virtudes do equilíbrio, da sensatez, da perseverança nos ideais de enobrecimento, faculta que o candidato permaneça em último lugar na competitividade do mundo, a fim de ser o primeiro em espírito de paz, realizador do *Reino dos Céus* internamente, onde frui bem-estar e tem dilatados os horizontes das percepções extracorpóreas.

Essas reflexões adaptam-se perfeitamente ao convite em torno do *muitos são os chamados e poucos os escolhidos*, considerando-se que se trata de um investimento especial na conquista de si mesmo, no desvelamento do *Self*, na superação dos caprichos egoicos.

Em um estudo convencional, todos os seres encontram-se convidados ao triunfo interior, às conquistas externas, ao equilíbrio emocional, às realizações sociais, à harmonia de comportamento, às atividades edificantes no grupo em que se movimentam. Apesar disso, somente poucos cidadãos conseguem a identificação com todos esses compromissos. Não raro, uns se afadigam pelas posses, pelo conforto em detrimento da vida interior. Outros fogem do mundo e da sua convivência, perseguindo o silêncio e a interiorização, aturdidos, no entanto, com as paisagens conflitivas do inconsciente e os desejos infrenes do prazer não experienciado.

Esse labor levaria à conquista e à união da *anima* com o *animus*, qual conseguiu Jesus, por isso mantendo-se sempre em sã conduta e saudável convivência com todos, sem qualquer tipo de tormento íntimo nem desajustamentos emocionais como pessoa e cidadão, inclusive recomendando que fosse pago o *tributo a César*, enquanto pregava e difundia o *Reino de Deus*.

Nunca se permitiu o conflito dos dois mundos em litígio. Havia escolhido o melhor e, portanto, comportava-se de maneira equilibrada nesse de menor significado, mas igualmente importante.

Desse modo, quando alguém elege o *Reino de Deus*, transforma-se interiormente, intentando alcançar o objetivo que tem em mente. A esses se pode aplicar o conceito de Jesus:

— *Porque muitos são os chamados, e poucos os escolhidos.*

Em uma análise psicológica profunda, o *escolhido* é aquele que consegue o triunfo sobre a inferioridade moral, entregando-se com fidelidade à opção realizada, que o compensa interiormente com a alegria do bem que insculpe nos sentimentos.

Quando essa disposição se estabelece e passa a governar o destino do ser, desaparecem-lhe as ambições do triunfo externo, porque compreende a sua desvalia, ou pelo menos não lhes atribui o significado hedonista de gozo exaustivo, que deixa sempre laivos de amargura e de frustração, sem compensar o esforço despendido pelo conseguir.

Desaparece, por sua vez, o egoístico instinto de competitividade, que rende estipêndios para o orgulho, não preenchendo os vazios existenciais. O ser descobre que há prazeres mais significativos e reconfortantes que aqueles que se derivam da posse, da ostentação e do orgulho. Essas expressões do primarismo da consciência, o seu *lado escuro*, banham-se, por fim, de expressiva claridade com o discernimento daquilo que é importante em detrimento do que tem um sentido transitório, que satisfaz por um momento e não mais atende posteriormente.

Essa é a grande luta da criatura humana educada para esmagar, para vencer os outros, mesmo que sob os camartelos dos conflitos internos que aturdem e degradam, levando-a ao desequilíbrio e à loucura.

Em uma sociedade construída conforme os padrões do pensamento do Homem-Jesus, não vicejam as lutas pelos lugares proeminentes, porque aqueles que são portadores da hierarquia real, aquela que os distingue interiormente dos demais, sem os humilhar nem ferir, não estão realmente interessados no destaque comunitário nem na dominação das outras pessoas. Preocupam-se exclusivamente com a sua realidade de ser imortal, conscientes de que o *descer da cortina* é também o dealbar da madrugada perene.

Em todos os cometimentos humanos, são muitos aqueles que se encontram convidados para realizações nobilitantes; no entanto, vestidos pela *sombra*, facilmente se desinteressam de prosseguir por falta da resposta compensadora aos vazios do *ego*, que se preocupa com o entulhar-se de preocupações e de lutas pela conquista da primazia.

Há convites por toda parte, e nem todos os indivíduos têm *olhos para ver* nem *ouvidos para ouvir*, concitando-os à conquista de significados existenciais que os preencham de harmonia, direcionando os seus passos para os rumos melhores, aqueles que não frustram, nem levam a desesperos dispensáveis.

O ser humano se encontra na Terra envolto em batalhas iluminativas cada vez mais severas. Superadas aquelas que tinham a ver com a existência física, e que remanescem nas guerras urbanas ou entre as nações, enfrenta as lutas no lar, no grupo social, no trabalho, mediante as quais adquire sabedoria e aprende a conquistar os altiplanos interiores.

À medida que se robustece emocionalmente, mais desafiadores se tornam os combates, porque se transferem para o campo íntimo onde permanecem as heranças do processo de evolução já conquistada.

Mediante a identificação com os objetivos que deseja alcançar, autoilumina-se e, recorrendo à oração, que é fonte inexaurível de energia, abastece-se e renova-se sem cessar, de modo a triunfar sobre as dificuldades que já não lhe obstaculizam o passo.

Aqueles, portanto, que no mundo são tidos como ultrapassados, ingênuos, não credores da consideração mentirosa do convívio social doentio, são os *últimos*, apesar disso, perfeitamente integrados nos objetivos superiores da vida, tornam-se os *primeiros no Reino dos Céus*.

Indispensável considerar-se que no jogo das ilusões e na busca da realidade, caracterizam-se os seres psicologicamente infantis e os amadurecidos, que optam pelo melhor e perene, que souberam eleger aquilo que lhes é mais importante, em detrimento do convencional e aceito, imposto pelo convívio terrestre.

Dessa forma, o esclarecimento de Jesus é relevante e deve ser meditado profundamente, *porque muitos são os chamados e poucos os escolhidos.*

26
PODER DA FÉ
Ev. Cap. XIX – Item 2

(...) E nada vos seria impossível.
MATEUS, 17:20

A fé expressa-se mediante a confiança que o Espírito adquire em torno de algo. Apresenta-se natural e adquirida. No primeiro caso, é espontânea, simples, destituída de reflexão ou de exigência racional, característica normal do ser humano. Na segunda acepção, é conquista do pensamento que elabora razões para estabelecer os seus parâmetros e manifestar-se. Robustece-se com a experiência dos fatos, tornando-se base dos comportamentos lógicos e das realizações significativas do pensamento e da experiência humana.

A fé procede também de vivências transatas, quando o Espírito enfrentou situações e circunstâncias que foram experienciadas deixando os resultados dos métodos utilizados para superá-las. Conhecendo os acontecimentos, embora inconscientemente, o ser adquire a confiança espontânea para os enfrentamentos que se apresentem por semelhança, evocativos daqueles passados.

Torna-se, desse modo, indispensável para uma conduta saudável, porquanto se faz bastão e alicerce para novos cometimentos mediante os quais o ser progride.

A fé, no entanto, deve apoiar-se na razão que perquire, no discernimento que estabelece as diretrizes comportamentais, a fim de que não se expresse de maneira *cega*, levando ao delírio do absurdo ou à ingenuidade do período infantil.

A fé amadurece através da conduta que propõe, coroando-se de segurança pelos resultados colhidos nos empreendimentos encetados.

O homem de fé reconhece o limite das próprias forças e não se aventura em empresas que lhe podem comprometer a resistência, levando-o à falência moral. Por isso há um limite entre a fé e a ação, que deve ser tido em conta quando da tomada de decisão ante o que fazer ou deixar de realizá-lo.

Em face da proposta de que nada é impossível quando se crê, é necessário decodificar o que significa essa crença, à luz da Psicologia Profunda, para não se tombar no fanatismo perturbador e insensato.

Jesus havia descido do Monte Tabor, onde ocorrera a transfiguração e mais uma vez confirmara a procedência do ministério que lhe fora concedido por Deus.

Naquela oportunidade, Moisés, o legislador do povo hebreu, e Elias, o profeta das venerandas tradições, apresentaram-se desvestidos de matéria, em todo o esplendor da sua glória para O saudarem, rompendo a *sombra* que pairava em torno da imortalidade do Espírito e da sua comunicabilidade com as criaturas humanas.

O primeiro, mediante o diálogo que veio manter com o Mestre, liberou as criaturas, a partir de então, da proibição que exarara no passado, quando o povo, em libertinagem, evocava os Espíritos para com eles se imiscuírem nos comportamentos reprováveis a que se entregavam. Estabelecendo leis que se deveriam caracterizar pela severidade, em razão do nível moral em que se encontrava o hebreu recém-saído da escravidão no Egito, coibiu o abuso decorrente da insensata comunhão com o mundo espiritual, atendendo aos seus apelos infantis e perversos, que lhes bloqueavam a capacidade de pensar, de decidir os conflitos e as condutas, transferindo-os para aqueles que, desenfaixados da matéria, se lhes deveriam submeter aos caprichos. Naquele momento de magnitude, ele próprio viera exaltar o Homem de Nazaré, confirmando a Sua ascendência moral sobre a Humanidade, a Quem ele próprio se submetia.

O segundo, que Lhe profetizara a vinda por diversas vezes, retornava da Espiritualidade para confirmar ser Ele aquele Messias aguardado, a Quem se reportara, o portador das excelentes qualidades para conduzir o pensamento na direção de Deus e facultar a vitória de cada um sobre si mesmo. Apresentava-se como o discípulo que vem glorificar o Mestre, que então assume toda a Sua pujança, momentaneamente submersa na forma humana limitada, como se tornava necessária para o processo de iluminação das vidas mergulhadas nas trevas do mundo.

Após aqueles momentos de incomparável beleza, fomentadores da fé profunda, Ele desceu à planície onde os seres humanos se acotovelavam e se enfrentavam no campo largo das suas paixões, a fim de os suportar, conduzir e amar.

De imediato, um pai aflito, n'Ele reconhecendo o Messias, prosternou-se-Lhe aos pés e pediu-Lhe socorro. O sentimento de compaixão do homem espraiou-se e sensibilizou Jesus. O seu drama era o filho enfermo, tomado por desconhecida força que o vitimava, atirando-o de um para outro lado, ameaçando-lhe a existência, minando-lhe as energias e entregue totalmente à sua sanha, sem possibilidade de libertação.

Conhecendo o insondável do ser humano, Jesus compadeceu-se e cindiu a treva que envolvia o jovem, percebendo-lhe a história pretérita, quando delinquira, vinculando-se ao odiento perseguidor, que não cedia no propósito infeliz que se impusera.

Aturdido na sua insânia, não raciocinava, nem se apiedava daquele que lhe sofria a vindita, incidindo no mesmo erro de que fora vítima anteriormente.

Ao contato, porém, com Jesus, restabeleceu-se-lhe o discernimento, deu-se conta do mal em que laborava, num átimo de segundo arrependeu-se e desalojou-se do campo mental em que se homiziara no seu sofrido *hospedeiro*. Desvinculou-se de imediato ao ouvir a voz clara e forte do Mestre e receber o influxo do Seu pensamento compassivo, deixando de malsinar o outro, para cuidar da própria *sombra* responsável pelo seu ódio, pelo desejo de desforço, pela inferioridade moral em que jazia.

Era natural que, ante o fato insólito, a fé brilhasse em todos que ali se encontravam, particularmente nos discípulos que estavam decepcionados pela inépcia de que eram portadores, já que eles também houveram tentado ajudar o obsesso sem colherem o êxito anelado.

Não se davam conta de que, para cada Espírito em sofrimento, a terapia é específica, porque não são todos da mesma classe moral, do mesmo estágio evolutivo, necessitando de variada gama de recursos para chegar-se até cada qual.

Aquele, em especial, exigia algo mais do que a precipitada imposição verbal, e sim, um discurso específico, rico de energias vitalizadoras que o compensasse da vampirização interrompida, quando deslindado da sua *fonte de nutrição psíquica*.

Faltava-lhes fé, profundidade de confiança, para conseguirem os bons resultados da empresa, em detrimento do esbravejamento estúrdio, da gritaria exterior a que se haviam entregado.

Aquele Espírito, acostumado com os seus tormentos e apoiado no raciocínio conflitivo de justiça com as próprias mãos, não receava pessoas nem agressões, ameaças nem objurgatórias. Somente seria removido do seu propósito insano se experimentasse a força da compaixão e da misericórdia para a sua aflição. Foi o que Jesus lhe ofereceu: apoio e renovação interior, facultando-lhe dar-se conta de que, na vingança, mais se afligia; na cobrança, mais se desnaturava. Somente lhe restava a alternativa do perdão à ofensa recebida, para desfrutar da paz de que necessitava mais do que de qualquer outro valor, embora não se desse conta.

O amor de Jesus infundiu-lhe esse ânimo. A Sua claridade diluiu-lhe um pouco da compacta treva em que se confundia.

A fé, em Jesus, era certeza do próprio poder, da perfeita sintonia com Deus, a Quem recorria sempre que necessário, sabendo por antecipação dos resultados que seriam colhidos.

A fé é força que se irradia como energia operante e, por isso, consegue remover as montanhas das dificuldades, aplainar as arestas dos conflitos, minar as resistências que se opõem à marcha do progresso.

O ser humano enfrenta os montes das dificuldades que ergue à frente, quando deveria buscar os objetivos mais nobres e engrandecedores. No entanto, no seu estágio infantil, a sua *sombra* o envolve com preconceitos e desaires, enceguecendo-o com a ambição desmedida da posse material, na qual investe os seus melhores recursos, e depois não sabe como deslindar-se de tantos conflitos, e vencer tão variados obstáculos que tem pela frente.

Só mediante a fé, estruturada na consciência livre de prejuízos de toda natureza, oferece as resistências para enfrentar as montanhas de desafios que lhe impedem o avanço no rumo da harmonia.

Mediante a fé lúcida e enriquecedora, a existência se apresenta digna de ser vivida, facultando a aquisição de recursos para todas as situações, ensejando que aquele que a possui enfrente todas as contingências com calma e certeza dos resultados felizes que o aguardam.

Não tem pressa, nem se angustia, porque sabe que os empeços exigem remoção e as *sombra*s precisam de luz para que desapareçam.

A fé racional nunca excede os limites da sua capacidade, nem se doira de ambição descabida, conhecendo as possibilidades que possui e os meios de que se deve utilizar para os cometimentos que enfrentará.

É pujante, mas não presunçosa; é nobre, mas não jactanciosa.

À luz da Psicologia Profunda, uma fé diminuta, *um grão de mostarda* que lhe represente a dimensão, tudo consegue e *nada será impossível*, porque se apoia, sobretudo, na razão.

27
ÚLTIMOS E PRIMEIROS
Ev. Cap. XX – Item 2

*(...) Os últimos serão os primeiros, e
os primeiros serão os últimos.*
MATEUS, 20:16

No contexto do comportamento histórico-sociológico, o ser humano prefere utilizar-se dos primeiros lugares, aqueles que lhe podem oferecer maior destaque no conjunto em que se movimenta, com essa atitude agradando ao *ego* sempre necessitado de emulação para desempenhar a tarefa que lhe diz respeito.

Não raro, dominado pelas paixões derivadas da necessidade do prazer e da posse, que lhe parecem constituir metas únicas, transforma a existência num calvário de lutas intérminas, porquanto as ambições em crescendo não lhe facultam a paz nem o preenchimento interior, que são indispensáveis à vida feliz.

Educado para o triunfo na sociedade, mediante propostas hedonistas, a sua vitória deve ser disputada a qualquer preço, não importando as consequências que possam advir dessa filosofia utilitarista de efeitos perturbadores.

Atingido o patamar que constituía o objetivo central dos seus esforços e interesses, não se pode furtar ao vazio existencial ou ao continuado empenho para ter mais, tornar-se conhecido, dominador, como se os infortúnios, as enfermidades, a velhice e a morte não o pudessem atingir.

A existência física parece-lhe ser a saga de realizações externas, o acumular de louros e aplausos, num vaivém ininterrupto, cansativo e desgastante.

Os vitoriosos de um dia, no entanto, passam, como sucede com os indivíduos de todas as camadas nas diferentes lutas que travam.

Essa conduta ilusória responde por transtornos psicológicos muito graves e danos espirituais de libertação penosa.

O mundo é educandário, oficina para atividades nobres e nunca uma ilha de sorrisos e plenitude, ou um palco de tragicomédias que deleitam apenas por um momento.

O Evangelho de Jesus é um repositório de ensinamentos convidando à mudança de entendimento da finalidade existencial.

Sem jamais combater a posse ou o prazer que se derivam dos esforços dignos e dos objetivos de serviço à Humanidade, Jesus sempre conclamou aqueles que O escutavam ao progresso mediante o trabalho, à dignidade por meio do auxílio recíproco, demonstrando, no entanto, a transitoriedade de todas as coisas ante a perenidade do Espírito.

Jesus e o Evangelho à luz da Psicologia Profunda

Sendo possuidor de recursos incomparáveis, aplicou-os pelo bem dos outros, nunca se permitindo humilhar ou menosprezar os carentes, ou entregando-se ao desperdício, ao abuso do poder, à exploração de outrem.

Vivendo intensamente o mundo, este com suas imposições, às vezes, arbitrárias, deu curso à meta que trazia: a instalação do *Reino de Deus* nas mentes e nos corações humanos.

Não seja de estranhar a sua informação de que nesse *Reino* de justiça, os que se exaltam, se glorificam e desfrutam das comodidades e honrarias terrestres, sempre nos primeiros lugares, serão os *últimos,* enquanto que aqueles que sofrem, que jamais experimentaram as concessões terrestres, os tesouros da cobiça e do orgulho, serão os *primeiros*.

Paradoxalmente, os eleitos pelos homens, que deles esperam colher as migalhas que sobram nas suas mesas elegantes e fartas de poder transitório e prestígio, salvadas as exceções compreensíveis, acumulam os frutos da avareza, do crime silencioso e oculto, da traição, do suborno, da astúcia desenfreada. Eles próprios sabem da conduta que mantêm, de como são interiormente e do seu desinteresse pelo progresso da sociedade e bem-estar do seu próximo. O egoísmo que neles predomina cega-os para a realidade existencial e para as mínimas expressões de compaixão e de misericórdia em favor dos deserdados da fortuna, os denominados párias sociais...

É natural que, após a embriaguez dos sentidos e o demorado letargo na glória, despertem para a realidade que difere do que lhes aprouve viver no mundo, anestesiando a razão e torcendo a óptica de observação do seu irmão situado economicamente em degrau mais baixo, quiçá pela sua indiferença ou perversidade.

À luz da Psicologia Profunda, o texto evangélico em epígrafe trabalha contra a *sombra* do poder-prazer, diluindo o *ego* ambicioso e perverso ante as claridades diamantinas do *Self* consciente das suas altas responsabilidades de edificação da criatura humana.

A coragem de Jesus é incomparável, porquanto diante da alucinação dominante nos Seus dias, formulou a *Parábola dos trabalhadores da última hora,* enfrentando a presunção farisaica e o orgulho hebreu de considerar-se privilegiado por Deus, em face do seu comportamento monoteísta e das inúmeras Revelações de que a raça foi instrumento. Em contrapartida, eles não se davam conta de que a abundância de informações que esclarecem constitui pesada carga de responsabilidade moral para aqueles que lhe recebem o benefício.

Nasceu Jesus em Israel de forma que se cumprissem as profecias; no entanto, Ele não pertence a um povo, a uma raça, a uma época, sendo de todas as nações e de todos os tempos, sem compromisso específico com quaisquer que Lhe queiram disputar a dominação.

Ele asseverou com severidade que tinha *outras ovelhas que não eram daquele rebanho,* confirmando a Sua independência e total liberdade de ação em relação a todas as criaturas humanas.

Os profetas foram os primeiros a trazerem a notícia da vida espiritual, da Justiça Divina, das consequências dos atos morais em relação ao próprio ser. Cumpriram com as suas missões abrindo espaços luminosos para aqueles que viriam mais tarde. São considerados trabalhadores da primeira hora, na visão da Psicologia Profunda em relação à Parábola do Mestre, por haverem suportado a invernia dos sentimentos e a canícula das paixões desequilibradas. Enfrentaram o solo áspero dos corações e não desistiram mesmo quando as dificuldades se lhes apresentavam quase impossíveis de superadas.

Logo depois, vieram os intelectuais, seus herdeiros, os mártires, os Pais da Igreja, os missionários do bem, os lutadores da solidariedade humana, que haviam haurido, nos ensinamentos recebidos, os exemplos e os estímulos para continuarem trabalhando a terra ingrata dos sentimentos terrestres, nessa luta incessante contra a *sombra coletiva* poderosa, mesmo que a contributo da própria vida, conforme ocorrera com o seu Mestre.

Por fim veio a Revelação Espírita, que faz desaguar no oceano do mundo espiritual todas as propostas da imortalidade, que é desvelada pela mediunidade, da Justiça Divina atestada pela reencarnação e confirmada pelos fatos e pela experiência da fé raciocinada e lógica.

Os tempos modificaram-se, mas as lutas, embora com aspectos diferentes, prosseguem terrificantes e de efeitos cruéis. As atrações do prazer estão multiplicadas pelos veículos da Informática, o abuso dos sentimentos torna-se quase hediondo, as facilidades para o vício e o desvio de rota multiplicam-se a cada instante, e o discípulo sincero da Boa-nova apresenta-se como um estranho no palco das excentricidades hodiernas.

Parece mesmo não haver lugar na sociedade para quem abraça a Doutrina de Jesus desvelada dos enigmas e libertada das mazelas e desvios que sofreu através dos séculos...

Sabendo, no entanto, que o tempo é escasso e as circunstâncias não são favoráveis, uma empatia superior domina o sentimento desse servidor devotado, impulsionando-o ao prosseguimento do esforço de autotransformação para melhor, superando as marcas do passado, as heranças primitivas e trabalhando com acendrado amor. Os seus objetivos centram-se no serviço do Bem e mesmo vivendo os condicionamentos do mundo, psicologicamente mantém-se em termos de *consciência de si mesmo*, administrando as funções da máquina física sem castrar-se ou fugir dos compromissos que lhe dizem respeito, não dependendo dos caprichos terrestres, porque vinculado emocionalmente à Vida sem limite.

Compreendendo o convite de Jesus para que sirva em quaisquer condições que apareçam, nunca desanima no serviço, reforçando as convicções espirituais quanto maiores testemunhos surjam pelo caminho iluminativo.

Sucede que muitos desses trabalhadores, ora engajados na renovação, retornaram ao proscênio terrestre para darem cumprimento aos deveres que ficaram interrompidos na retaguarda, em outras reencarnações fracassadas, quando, atraídos pelos ouropéis abandonaram a *charrua*, embriagando-se de prazeres e enlouquecendo mais tarde de remorso, quando então solicitaram a bênção do recomeço e da reparação...

Repetem hoje as experiências malogradas anteriormente.

Sem qualquer desconsideração pelos diferentes credos religiosos e filosofias existentes, aos espíritas conscientes das suas responsabilidades – aqueles mesmos que se equivocaram e agora recomeçam em condições melhores – cabem neste momento graves compromissos que não podem nem devem ser postergados, quais sejam os de proclamar a Era Nova e demonstrar pela lógica e pelo bom senso, assim como através dos fatos da mediunidade dignificada, a existência do mundo causal, a anterioridade do Espírito ao corpo, os incomparáveis recursos saudáveis defluentes da conduta correta, dos pensamentos edificantes, da ação do bem ininterrupto.

Comprometido com os Imortais que têm a tarefa de *apressar estas horas*, o trabalhador convidado pela consciência lúcida do dever é estimulado a superar o *ego* e investir as suas melhores energias na vivência e divulgação da Mensagem evangélica sem jaça.

Simultaneamente, deverá preparar a sociedade terrestre para a reencarnação de milhões de missionários do bem e da caridade, que logo mais brilharão no mundo em sombras como estrelas polares apontando os novos rumos para a Humanidade cansada de gozo e prazer, sequiosa de paz e de renovação.

Nessa oportunidade que chega, espocarão as luzes da verdade desbastando as trevas teimosas da ignorância, os preconceitos doentios da vaidade, os prejuízos morais estabelecidos pelos gananciosos, e o amor triunfará dos caprichos da libido, expressando-se sem tormentos nem angústias, em formoso contributo para a felicidade geral.

É inevitável, portanto, que os *últimos sejam os primeiros, e os primeiros sejam os últimos,* conforme expressou Jesus na Sua delicada parábola.

28
Mediunidade
Ev. Cap. XXI – Item 4

*A árvore que produz maus frutos não é boa e a
árvore que produz bons frutos não é má.*
Lucas, 6:43

O discurso de Jesus nesse tópico atingia mais profundidade, rumando para o Infinito, com objetivo de consolidar os Seus ensinamentos e exarar condutas lúcidas em relação ao futuro.

As dificuldades vencidas a pouco e pouco, abriam espaço para novos desafios, e as perspectivas se apresentavam complexas senão desafiadoras.

Preocupado com a saúde integral dos Seus discípulos assim como daqueles que O seguiam, não podia deixar de abordar a transcendência do Espírito e o seu relacionamento psíquico com os homens terrestres.

Várias vezes, eles testemunharam o fenômeno atormentado da obsessão sob diversos aspectos, desde as convulsões de cunho epiléptico até as enfermidades físicas, as subjugações amesquinhantes e as alucinações mais frequentes. Também tomaram conhecimento da transfiguração diante de seres imortais e esplendentes no Monte Tabor, deslumbrados e comovidos.

Tornava-se, pois, indispensável desfazer a *sombra coletiva*, que pairava soberana sobre as pessoas sem orientação.

O povo estava tradicionalmente condicionado a aguardar que ocorressem espetáculos sobrenaturais em volta dos Profetas e de todos aqueles que se apresentavam em nome de Deus, como necessidade premente de manterem a débil claridade da fé quase sempre bruxuleante, que logo voltava a ser embrutecida pelas paixões decorrentes do egotismo perverso cultivado em exagero.

Porque pairasse um silêncio multissecular sobre o país a respeito do profetismo, quando antes era habitual, ao revelar-se o *Messias,* todos desejavam que o demonstrasse sem cessar, apesar dos inumeráveis sucessos que Ele produzia amiúde por onde passava.

A sede de novidades é sempre crescente nos indivíduos estúrdios e destituídos de percuciência para a identificação dos valores eternos e nobres da vida, permanecendo sem cessar à cata de distrações para fugirem da realidade de si mesmos e dos desafios que os surpreendem a todo momento, convidando-os ao crescimento interior.

Reconhecendo que seria breve o trânsito terrestre, e que o embuste e a mentira seguiriam no Seu encalço após a morte, foi peremptório, advertindo os amigos sobre a possibilidade do surgimento de falsos profetas, qual ainda ocorre nos dias atuais...

Como distingui-los? Quais os sinais de identificação que poderiam representar a sua autenticidade? E, de imediato, a imagem da árvore foi tomada como significativa e definidora da legitimidade de cada ser, irretorquível pelo seu conteúdo específico, graças ao qual, *a árvore que produz maus frutos não é boa e a árvore que produz bons frutos não é má.*

É óbvio que somente através dos atos, que revelam os valores morais de cada criatura, se pode avaliar se a mensagem de que alguém se faz portador é verdadeira.

Ninguém há que, dominado pela *sombra*, possa desvelar significados profundos, somente encontrados naquele que esteja identificado com a Fonte do Bem.

Mediante a conduta, portanto, os interesses e conveniências, pode-se aquilatar sobre as qualidades morais do ser humano, porquanto são-lhe o documento digno de fé.

A ausência da *sombra* sempre favorece a presença do conhecimento e do discernimento, da ação oposta ao egoísmo, produzindo harmonia interna e não ambição, não competitividade vulgar e destruidora.

Autêntico em si mesmo, reflete o Psiquismo Superior da Vida e arrebanha outras criaturas, conduzindo-as na direção da plenitude, que já antegoza.

Adindo esclarecimentos à lição neotestamentária, posteriormente o Apóstolo S. João, na sua 1ª Epístola, cap. IV, v. 1, informou com sabedoria repassada de ternura:

– *Meus bem-amados, não creiais em qualquer Espírito; experimentai se os Espíritos são de Deus, porquanto muitos falsos profetas se têm levantado no mundo.*

Justo confessar que, já no seu tempo, surgiram os impostores, desejando orientar as massas e auferir recursos para a sua *sombra,* responsável pelos transtornos que causavam.

Reconhecidos pelo caráter doentio, assim mesmo prosseguiam enganando outros semelhantes, que se compraziam nos jogos da mentira e da disputa irresponsável, pelos prazeres do *ego* alucinado.

A imagem da *árvore* é novamente trazida para avaliação, respondendo sabiamente a respeito da qualidade de que se revestem as interferências espirituais, as profecias que se referem à vida transcendental.

Nesse texto de alta magnitude, a Psicologia Profunda cede lugar à análise da Psicologia Transpessoal, porque mais compatível com a mensagem, que haure na Psicologia Espírita a explicação clara e significativa, interpretando o fenômeno, na área da mediunidade, que serve de instrumento para a pesquisa sobre a sobrevivência do ser à morte física assim como a sua anterioridade ao berço, e, no intervalo entre uma e outra existência, a comunicação real.

Esse capítulo profundo da Psicologia Transpessoal ilumina-se com a constatação de que a faculdade que permite o intercâmbio entre os dois planos vibratórios – o terrestre e o espiritual – é da alma, que o corpo *reveste de células* para permitir a sua ocorrência. É semelhante à inteligência que, de origem extrafísica, no soma encontra os neurônios e outras moléculas especiais para a sua exteriorização.

Entre os hebreus, o profetismo era relevante para caracterizar os *enviados de Deus* aos homens e às mulheres. No entanto, não estava adstrito o seu significado exclusivamente à produção de feitos excepcionais ou sobre-humanos.

Jesus, o Homem, podia movimentar as energias e comandá-las, direcionando-as conforme a Sua vontade.

Dialogava com os Espíritos enfermos que a morte não libertara dos conflitos que os afligiram, nem das paixões asselvajadas, conseguindo atendê-los e auxiliá-los nas aflições em que se debatiam.

Adentrando-se psiquicamente no futuro, descerrou então parte da cortina que o velava, entreteceu considerações incomuns sobre o Seu ministério, morte e ressurreição, apresentando no futuro as consequências da insânia e da soberba humana, conforme o Seu sermão profético, que se tem cumprido desde o momento da destruição do Templo de Jerusalém, que fora previsto, até a *Diáspora*, e dali aos acontecimentos históricos, que se hão apresentado na sucessão dos séculos.

A mediunidade, portanto, é de essência espiritual, exteriorizando-se sob a interferência e direcionamento dos Espíritos que, de acordo com a sua procedência, semeiam *sombra*s e aturdimentos, enfermidades e desaires ou luz mirífica de esclarecimento, de caridade, de amor.

A Psicologia Profunda reconhece-Lhe o poder, em face da Sua integração na Consciência Cósmica, na qual adquiria sabedoria e renovava as energias em intercâmbio transcendente, inabitual para os seres humanos.

A *sombra coletiva,* no entanto, prossegue inquietando, e os indivíduos, açodados pelo *ego* não superado, esperam o *Messias* que os liberte dos vícios e da indolência sem o autoesforço, que lhes conceda felicidade sem a ocorrência de vexames, sem lutas, esquecendo-se que, mesmo que tal absurdo se fizesse normal, não poderia impedir-lhes a ocorrência da morte física, o enfrentamento com a autoconsciência e com a Realidade.

Para atendê-los, no turbilhão das aventuras do cotidiano, surgem e são celebrizados homens e mulheres prodigiosos, que se afirmam profetas e *Cristos*, capazes de solucionar os problemas gerais, menos os próprios, nos quais estorcegam em desespero insano.

A árvore, representando a *anima* da mediunidade, oferece o fruto, seu *animus*, em perfeita identidade. Uma e outro definem pela produção a qualidade que os constitui.

O profeta e as suas revelações, o *animus* e a *anima* da imagem elucidadora, compõem a unidade que, pela qualidade demonstrará se a sua é uma origem saudável, verdadeira ou enfermiça da *sombra* mentirosa e petulante.

Jesus assimilou as ideologias vigentes naqueles dias, mas não se deteve nelas, pelo contrário, ergueu-lhes o véu que as deixava sob trevas, referindo-se à necessidade da conquista desse sentido paranormal, que se encontra inato nos seres humanos, a fim de que possam superar os limites em que se debatem, ampliando-lhes as percepções psíquicas, morais e emocionais.

O ser real, à luz da Psicologia Espírita, é eterno, experienciando inumeráveis renascimentos físicos e evoluindo no rumo da Grande Luz, que o impregnará com a claridade da paz.

Por essa razão, *a árvore que produz maus frutos não é boa e a árvore que produz bons frutos não é má*, prosseguindo como lição psicológica de seleção de valores humanos, auxiliando a que sejam identificados e reconhecidos os verdadeiros profetas – os médiuns das verdades espirituais – e que, através dos seus atos sem *sombra*, mereçam respeito e consideração ou simplesmente compaixão e socorro.

29
MATRIMÔNIO E AMOR
Ev. Cap. XXII – Item 2

*Por isso deixará o homem pai e mãe, e ajuntar-se-á
com sua mulher, e serão dois numa só carne.*
MATEUS, 19:5

O sentimento mais elevado do ser humano é o amor, que lhe caracteriza a procedência espiritual. Gerado pelo Amor, expressa-se através desse atributo superior, que vem conquistando a pouco e pouco no seu processo antropossocial, moral e espiritual.

Em cada experiência evolutiva, mais se lhe desenvolvem os valores éticos, e conquista mais alto patamar da escala da evolução.

Expande-se o amor em formulações de múltiplas facetas, conforme os vínculos que sejam estabelecidos pelos impositivos mesmos do processo de crescimento interior.

Quando na consanguinidade, ei-lo como manifestação filial, paternal, maternal, fraternal, para ampliar-se em expressões de união conjugal, de parceiros, de amigos, de companheiros de lutas, ampliando o significado, e assim ruma para a união com todas as demais criaturas humanas e, por fim, com a própria Natureza nas suas várias manifestações.

Vivendo, no passado, relacionamentos promíscuos, atraídos pelas necessidades do sexo sem qualquer respeito pela emoção uns dos outros, a vinculação rápida era resultado de impulsos e desejos, através dos quais se organizavam as famílias que se multiplicavam sem qualquer sentido ético.

À medida, porém, que o ser adquiriu consciência da sua realidade e avançou na conquista, mesmo que inconscientemente, dos direitos que todos devem desfrutar, o matrimônio foi estabelecido como forma de frear os abusos e dilacerações afetivas que eram perpetrados sem a menor consideração pela realidade emocional.

Por isso, afirmou Jesus que *no princípio não era assim*, recordando que as uniões se davam através dos sentimentos profundos, e quando degeneraram, Moisés, *pela dureza dos corações*, tomou as atitudes compatíveis com a gravidade do deslize moral.

Por outro lado, a ausência de dignidade nos relacionamentos conspirava contra o equilíbrio e a ordem social, misturando os interesses mesquinhos com os elevados princípios do sentimento que se expressava em relação a determinados parceiros.

O matrimônio passou a direcionar melhor as uniões físicas, desde que, concomitantemente, existissem os compromissos afetivos.

Jesus e o Evangelho à luz da Psicologia Profunda

Pode-se considerar esse momento de conquista como um dos elevados patamares da evolução psicológica e moral da sociedade.

Certamente não impediu que as expressões mais primitivas permanecessem orientando os indivíduos, especialmente os homens, que se sentiam atavicamente com mais permissões do que as mulheres, facultando-se o adultério e o desrespeito aos compromissos espontaneamente assumidos para a construção da família.

A mulher, enganada ou submetida aos seus caprichos pela força vigente e aceita pela sociedade, silenciava as suas aspirações, quando no lar, ou servia de pasto para as paixões, quando empurrada para os resvaladouros da prostituição.

Embora o amor pudesse orientar a disciplina e conduzir à conquista dos objetivos elevados da procriação e da harmonia emocional no relacionamento saudável, a grande chaga da corrupção prosseguiu supurando e contaminando uma após outra geração, as quais se atribuíam créditos em relação ao prazer e ao vício.

A proliferação das enfermidades sexualmente transmissíveis não conseguiu diminuir a febre dos arroubos e insatisfações, castrando nobres aspirações, ceifando alegrias e destruindo vidas ao longo dos milênios de cultura e civilização.

Um grande silêncio, feito de ignorância e presunção, permaneceu no contexto das famílias, facultando que a desordem prosseguisse campeando sob o aplauso surdo do *machismo* generalizado e o sacrifício feminino, que se impunha a submissão e a escravidão doméstica.

Por sua vez, as religiões dominadoras, igualmente comandadas pelos homens, negavam quaisquer possibilidades de reversão da ordem hipócrita, mesmo quando intimamente era reconhecida a necessidade urgente de alteração de conduta para o bem geral e a felicidade dos grupos sociais que se uniam com objetivos mais elevados.

Na cegueira que vigia, arbitrariamente se interpretou o ensinamento de Jesus como uma imposição para que o matrimônio se transformasse em uma cerimônia religiosa consolidada, de natureza perpétua, até que a morte separasse os nubentes, não obstante vivessem distanciados pelo ódio, pelo ressentimento recíproco, pelo não cumprimento dos deveres do tálamo conjugal.

Foi uma atitude que, para minorar um mal perturbador, produziu um efeito tão danoso quanto aquele resultado que se desejava eliminar, abrindo feridas ainda mais profundas e devastadoras no cerne das vidas que eram ceifadas.

Todas as leis elaboradas pelo homem são transitórias, porque devem atender a necessidades ocasionais que, ultrapassadas, perdem o seu significado.

No princípio, quando as determinações legais possuíam um caráter temerário, punitivo, seria compreensível que fossem programados estatutos definitivos com objetivo de evitar a permanência do mal. No entanto, à medida que a cultura e a ética liberaram a consciência dos grilhões da ignorância e dos impositivos errôneos dos processos medievais, tornou-se necessária a alteração das determinações elaboradas pelos legisladores, a fim de que se tornassem mais compatíveis com o ser humano em fase de desenvolvimento moral e espiritual, resultado natural das suas conquistas intelectuais.

Somente eternas são as Leis Universais, aquelas que procedem de Deus, imutáveis, porque qualquer alteração na sua estrutura levaria ao caos a própria Criação.

As humanas estão sujeitas às condições de época, de povo, de lugar e de necessidade evolutiva. Por isso, variam mesmo entre culturas equivalentes não necessariamente interdependentes.

As leis civis, portanto, têm como meta cuidar do equilíbrio moral e social, mantendo os interesses da família e da sociedade, do indivíduo e do grupo no qual se encontra.

Assim sendo, o matrimônio é uma instituição humana que, infelizmente, em alguns períodos da História serviu para atender aos interesses e paixões de Nações ambiciosas que uniam os seus membros, a fim de se apossarem de terras e de vassalos que lhes passavam à tutelagem, quando dois dos seus nobres se uniam através da cerimônia religiosa estabelecida como legítima. Tão imorais atitudes essas, que sem ao menos se conhecerem os parceiros, acreditavam que o sacrifício os levava a se desincumbir dos interesses do Estado, sem qualquer consideração pelos seus sentimentos pessoais.

(...) E o desrespeito disso decorrente campeava sem qualquer disfarce, sob o apoio da bajulação e a sordidez da conduta moral dominante.

Felizmente o divórcio veio terminar com a incômoda situação das uniões infelizes, facultando a transformação do tipo de relacionamento conjugal em outras expressões de amizade e de consideração de um pelo outro parceiro, que as circunstâncias conduziram à mudança de compromisso, especialmente quando existem filhos, que não podem ser relegados à orfandade de pais vivos por desinteligência destes.

Somente a Lei de Amor é portadora dos valores que preservam o matrimônio, porque se radica no sentimento elevado de respeito e de dever que se devem manter os cônjuges, direcionando as suas aspirações para o equilíbrio e a felicidade.

A fim de que os indivíduos consigam o êxito no consórcio matrimonial, que decorre da afinidade e compreensão de ambos os cônjuges através do amor, torna-se indispensável que os conteúdos psicológicos de cada qual se encontrem em harmonia, sincronizando-se o *animus* na mulher com a sua feminilidade e a *anima* no homem com a sua masculinidade, sem que haja predominância arbitrária de qualquer um deles, o que sempre conduz ao desequilíbrio emocional, se assim não ocorre, dando lugar a comportamentos agressivos de sensualidade ou de desvio de conduta.

Nessa identificação de conteúdos psicológicos, os dois seres fundem-se emocionalmente, trabalhando-se pela plenificação sexual e emocional, daí resultando a saúde moral que deve viger em todas as uniões.

O matrimônio, portanto, à luz da Psicologia Profunda, continua sendo um rumo de segurança para os indivíduos que, às vezes, imaturos, não se dão conta da gravidade do cometimento, mas que despertam sob os estímulos do amor construindo segurança e harmonia íntima.

Jesus muito bem percebeu a significação do matrimônio, respondendo que nesse ato são deixados outros vínculos, a fim de que aqueles que se amam unam-se e construam a família, assim contribuindo para uma ordem social mais consentânea com as necessidades da evolução e do desenvolvimento profundo de todos os seres.

Não se trata, portanto, de um compromisso formal, mas de uma união enraizada em sentimentos de alta potência emocional, da qual se derivam as necessidades de harmonia e de entendimento, que fundem os seres uns nos outros, sem lhes inibir a identidade nem as expressões individuais de vir a ser.

Quando Deus *junta* dois seres, isso ocorre em razão da *Lei de Causa e Efeito*, que já ensejou conhecimento das criaturas em existências passadas, nas quais surgiram as manifestações iniciais da afetividade, ou foram realizadas tentativas de união, que ora se apresenta mais forte e compensadora do que naquele ensejo.

O que deve ser abominado é o adultério, são os relacionamentos múltiplos, em cruel desrespeito à confiança e à dignidade do outro, que se sente esbulhado e espezinhado, conduzido ao ridículo e substituído nos seus nobres sentimentos de valor moral e amor, que não estão sendo considerados.

Enquanto viceje o amor, portanto, as uniões permanecerão. Isto não equivale a dizer que, ante quaisquer diminuições da afetividade, logo se pense em separação, tendo-se em vista que o emocional experimenta alterações constantes, produzindo estados de desinteresses, de conflitos, de inquietações, que deverão primeiro ser superados, antes que ampliados por decisões, certamente infelizes.

O matrimônio é um compromisso sério, que deverá sempre ser resultado de seguro amadurecimento, precedido de reflexão profunda e dever emocional para com o *Si* e para com o próximo, a fim de que sejam os *dois seres uma só carne*.

30
Espada e paz
Ev. Cap. XXIII – Item 11

*Não penseis que eu tenha vindo
trazer paz à Terra...*
Mateus, 10:34

A *sombra* imensa que pairava na sociedade existente, estabelecendo os seus parâmetros de vitórias sobre as criaturas humanas, já o esclarecemos.

Os conceitos éticos ainda não estruturados vicejavam num contexto eminentemente hedonista e perverso. A predominância do direito da força sobre a força do direito constituía valor relevante na cultura geral. O ser humano estorcegava na canga da escravidão política, social, econômica, de raça, de credo, destacando-se como triunfantes as personalidades impiedosas e violentas e os poderosos de um dia, herdeiros das tradições ancestrais e dominadores no grupo social.

A família submetia-se ao patriarcado soberano e, não poucas vezes cruel, sob qualquer aspecto considerado. Os interesses giravam em torno da posse, terrível mecanismo egoico para preservar as paixões ainda asselvajadas.

Não obstante, na face do comportamento religioso, ocorriam transformações acentuadas. O paganismo no mundo entrava em decadência, em relação aos cultos transatos e formalistas; os holocaustos humanos, objetivando aplacar a *fúria divina*, já haviam cedido espaço para os sacrifícios de animais em Israel, transformados em recursos valiosos para absolvição de pecados e oferendas gratulatórias.

A razão rompia a noite da ignorância e colocava os pilotis do discernimento e da valorização da criatura, que passava a ser vista como a *imagem e a semelhança de Deus*, em detrimento da conceituação anterior, na qual não passava de instrumento servil. Certamente esse processo, que ainda continua em desenvolvimento, teria que superar todos os impulsos agressivos que constituem a natureza humana, vitimada pela herança animal resultante do seu processo de crescimento antropossociopsicológico. Não obstante, apresentavam-se as primeiras diretrizes de segurança para aquisição da consciência individual e *coletiva*, e Jesus chegou nesse instante decisivo para auxiliar e facilitar a grande transição da barbárie para a civilização.

A Sua doutrina, feita de amor, contrapunha-se a todos os valores estabelecidos, nos quais a supremacia do orgulho e da hediondez de conduta delineava as regras a que todos se deveriam submeter sem qualquer discussão.

Acostumados às injunções severas, os indivíduos conduziam-se conforme o estabelecido, sem coragem ou ideal para romper as amarras fortes da dominação externa e das torpezas morais internas às quais se entregavam.

Enfrentar a *sombra coletiva* e, ao mesmo tempo romper a interior, exigia decisão firme.

Aquela era, portanto, uma doutrina toda feita de compreensão e bondade, ternura e compaixão, que não podia ser comparada às atitudes de agressividade interna ou externa, de ostensiva ou disfarçada hostilidade. No entanto, nunca Lhe faltara a energia e o valor moral para enfrentar os desafios que surgiam objetivando obstaculizar a marcha da Sua revolução espiritual.

Era, sim, uma revolução espiritual como a Terra jamais experimentara outra semelhante.

Essa era a diretriz que sempre seguiria, e nunca deixaria de proclamar como motivo primordial da Sua estada entre os homens.

Jesus-Homem, não é um símbolo mitológico, mas um Ser real desafiador, que superava todas as condições adversas e todas as situações dramáticas em favor do ministério a que se entregava, sem afastar-Se das metas estabelecidas.

Esse comportamento exige decisão imbatível e coragem superior, vigor especial e brandura incomum, a fim de não serem utilizados os mesmos instrumentos que pertencem aos opositores.

A doutrina por Ele pregada e vivida suplantava os códigos éticos e religiosos vigentes, apresentando uma nova e estranha moral, que rompe o aceito, apontando facetas superiores que se encontram em estágios mais elevados, e que, para serem alcançados, seus seguidores devem derrubar todas as barreiras, mesmo que ao preço do sacrifício da própria vida.

Em momento algum Ele temeu os acontecimentos graves, os enfrentamentos apaixonados e traiçoeiros, mantendo-se sereno e seguro dos resultados que esperava.

Como romper com as estruturas vigorosas do passado em governo nas condutas e nos interesses servis? Outra alternativa não haveria e continua não existindo, senão a utilização da espada para separar uma da outra proposta, a mentira da verdade, a usurpação ignóbil da conquista honrada.

Era natural, pois, que todo aquele que se vinculasse ao Seu estratagema de amor, logo se definisse em relação às condutas mundanas, rompesse com a acomodação e mesmo se tornasse vítima da espada sanguinária do ódio adverso.

A História inscreveria o nome dos mártires e santos, heróis da fé e místicos em páginas fulgurantes de amor e de coragem, mediante as vidas ceifadas pelas lâminas guerreiras, pelas labaredas devoradoras, pelas feras que estraçalharam as carnes, pelos incomparáveis sacrifícios experimentados por todos eles...

No lar, na família, seriam solapadas as construções rígidas do egoísmo, do patriarcado sombrio, do orgulho de clã e de raça, quando alguém começasse a vencer a própria *sombra* e trabalhasse as bases do *ego* para que cedesse lugar às manifestações do *Self*.

Uma luz nova como a Sua mensagem teria que cindir as trevas e proclamar a claridade, libertando as consciências e os comportamentos dominantes, enfrentando o maquiavelismo político, as arbitrariedades governamentais, as intrigas farisaicas de todas as épocas, implantando pela qualidade o seu conteúdo especial.

A espada, referida por Jesus, não seria utilizada pelos adeptos da doutrina, mas por aqueles que se lhes oporiam, separando-os de tudo quanto amassem, de todos os laços e raízes emocionais, inclusive os da afetividade. Aqueles que antes lhes partilhavam as ideias, a convivência, os exprobariam em face da decisão tomada, se separariam, abririam feridas profundas nas suas almas, dilacerando-lhes as carnes dos sentimentos... E eles a tudo aceitariam por honra e dedicação ao ideal abraçado.

Porque a *sombra coletiva* governasse os destinos humanos por muito tempo, alguns dos discípulos, desassisados e violentos, atormentados pelas compulsões obsessivas, empunharam-na através de diferentes épocas para impor o pensamento de Jesus, quando Ele preferiu sofrer as consequências da Sua decisão, deixando-se martirizar. Ele sabia que o sacrifício é mais poderoso do que o comando de um exército equipado para matar. A voz silenciosa do martírio conclama com mais vigor do que os brados de vitória sobre os cadáveres daqueles que deveriam ser conquistados e não vencidos, havendo estabelecido o período negro e perturbador do desenvolvimento histórico desenhado para a disseminação do amor.

As marcas da alucinação ficariam na trajetória do pensamento cristão como fruto apodrecido da *sombra coletiva* e do impositivo psicológico; numa visão mais profunda, a espada teria que ferir fortemente a ignorância, o orgulho, os preconceitos de cada adepto novo.

Isso significaria a vitória sobre a própria *sombra* prevalecente no ser, não obstante tomando contato com a generosa fonte de sabedoria que foi Jesus.

Logicamente, surgiriam opositores ferrenhos ao enunciado revolucionário inserto nos discursos d'Ele. Esses opositores não seriam apenas os externos, representados pelos detentores do poder terreno que o temeriam perder; pelos exploradores da credulidade geral, receando ser desmascarados; pelos usurpadores dos bens e dos recursos do próximo, que se veriam a braços com o impositivo da devolução da rapina; pelos famigerados perseguidores de todos os ideais de enobrecimento humano. Também estariam no imo das criaturas que desejassem a vinculação com Ele, inscrevendo-se nas fileiras do idealismo, entregando-se ao movimento em instalação na Terra. E, sem dúvida, esses oponentes interiores, ocultos pelo *ego*, seriam muito mais impiedosos, necessitando ser passados pelo fio da espada, do que aqueloutros, que vêm de fora e podem ser contornados, vencidos ou suportados, porque são de rápida persistência. Os adversários, porém, internos, cuidados pelos sentimentos egoicos, esses constituiriam sempre impedimentos mais difíceis de vencidos pela espada da decisão de os superar e deles libertar-se.

Literalmente, Jesus separa pais de filhos, cônjuges, irmãos, momentaneamente, quando alguns se opõem à decisão daqueles que se entregarem às transformações morais apresentadas, ao trabalho de abnegação em favor do próximo, aos compromissos de construir o mundo de solidariedade que surgirá dos escombros da sociedade rica de moedas e pobre de sentimentos de fraternidade. Mas essa ocorrência seria também a ponte que traria de volta aqueles mesmos que os expulsassem, quando a sua *sombra* cedesse lugar ao conhecimento dos legítimos valores humanos e sociais, auxiliando-os na lídima fraternidade que, em vez de impor os laços de família consanguínea, estabelecem como fundamentais aqueles da fraternidade universal.

A espada, por fim, favorecerá a verdadeira paz.

(...) *Não penseis, pois, que eu vim trazer paz à Terra*, essa modorrenta paz que é feita de ócio e de cansaço, mas a paz dinâmica e gloriosa que é conquistada com a espada flamejante da autoconsciência que dilui a *sombra* teimosa.

31
CRUZES

Ev. Cap. XXIV – Item 19

E o que não leva a sua cruz...
Lucas, 14:27

Os seres humanos transitam no seu processo evolutivo, invariavelmente, crucificados aos problemas que elaboraram para eles mesmos, experimentando dores e amarguras graves, de que somente se libertarão quando se resolverem pela transformação interior, adotando comportamentos saudáveis. A verdadeira saúde é um estado íntimo de equilíbrio, de harmonia entre os desafiantes conflitos que a todos assaltam a cada instante, considerando-se a vulnerabilidade emocional e vivencial de que se encontram constituídos.

Não equipados interiormente para o autoenfrentamento, de que fogem quanto lhe permitem as possibilidades, movimentam-se em contínuas inquietações que os afetam, quase se comprazendo nos transtornos que terminam por vencê-los.

A esses indivíduos tomados de incompletude se dirige Jesus, convocando-os à terapia da renovação espiritual, de modo que conduzam a *cruz dos problemas,* tornando-a leve, antes que se deixando esmagar pela conjuntura afligente.

Aos primeiros discípulos a proposta possuía uma interpretação literal, tendo-se em vista o estágio cultural e social da época, que não admitia condutas que se diferenciassem do que era imposto pelo *status* predominante. A liberdade encontrava-se amordaçada pela força do poder governamental e pela *sombra coletiva* que pairava soberana. Vindo diluí-la com o sol vibrante do Seu verbo e da Sua conduta, Jesus sabia que os Seus discípulos teriam que pagar o atrevimento de proclamar e viver a Nova Era, livres das injunções sacrificais propiciadas pela ignorância.

Por isso, deixou explícito que segui-lO representava perder a liberdade – aliás, mínima –, o direito à existência física; no entanto, esses eram valores de pequena monta, desde que a realidade do ser transcende às injunções materiais, estendendo-se pelo campo adimensional da imortalidade, representando, portanto, a aspiração máxima, e a cuja realização todos devem entregar-se com afã.

Os triunfos enganosos que não sobrevivem ao corpo, as honrarias que perdem o significado ante os sofrimentos, as alegrias da glória fantasiosa que logo passa, constituem, à luz profunda do Evangelho, distrações para o movimento físico do Espírito, ainda iludido com a transitoriedade da organização somática.

A *sombra,* que dificulta a visão da plenitude do ser, compraz-se com essas conquistas, anestesiando os centros do discernimento que detecta a fugacidade terrena, e que o Evangelho dilui com o esplendor majestoso do seu conteúdo moral e libertador.

O discurso de Jesus-Homem, conhecedor dos desafios e das dificuldades do ser humano, é todo um complexo processo de introspeção para o seu encontro com a realidade pessoal além da personalidade, em mergulho consciente no *Self*, como forma eficaz de anular os impositivos preponderantes do *ego* na conduta convencional.

Esse ser humano está fadado à glória estelar, que se desdobra da intimidade dos sentimentos virgens na direção da conquista dos valores imperecíveis do Espírito.

No aparente paradoxo das propostas do Mestre, quais *aborrecer-se* dos familiares, do mundo, das paixões, preferindo o *Reino de Deus*, há um significado muito especial. *Deixar os mortos enterrar os seus mortos*, optar *pela espada, pelo fogo*, em vez de pela comodidade, pela paz estagnada, representa um convite severo à consciência para que se resolva pelo que lhe é mais importante. Esses ensinos estão fundamentados na lógica da imortalidade, ante a qual se alteram as paisagens e aspirações humanas na conquista das questões secundárias ante as essenciais para a existência feliz, aquela que é duradoura e real.

Torna-se, inevitavelmente, necessária a decisão pela vida futura enriquecedora, que já começa no momento em que o ser desperta para a sua realidade, libertando-se dos impositivos constritores da dependência física.

Quem identifica um tesouro não mais se aquieta senão após consegui-lo, e logo se entrega à sua multiplicação de valor, de forma que possa atender a todos quantos se encontram à volta.

A família é o grupo social onde o Espírito se aprimora, aprofundando a sensibilidade do amor, lapidando as arestas das imperfeições, depurando-se das sujidades morais, limando as anfractuosidades dos sentimentos e condutas; que merece carinho, mas constitui campo de desenvolvimento e de conquistas, nunca prisão ou fronteira delimitadora e impeditiva dos grandes saltos na direção do triunfo sobre o Si.

A decisão do autoencontro, para o enfrentamento das paixões perturbadoras, rompe os interesses do clã e do grupo social sempre egoístas e temerários. A *sombra* que predomina empana a capacidade de compreender e de definir rumos, retendo a criatura na comodidade dos interesses próximos que dizem respeito ao *ego*, à segurança pessoal e ao vicioso encurralamento nos limites da proteção arquitetada e construída.

O ser, no entanto, é livre, e para tanto, ama, sem reter-se ante as novas possibilidades que detecta a cada momento que cresce espiritualmente, antevendo o próprio futuro.

Nesse contexto, guerreia pela liberdade de movimento, de escolha, de direcionamento, de seleção de valores, não se demorando nos estreitos círculos dos cometimentos pessoais e dos feudos domésticos, porque a Humanidade é a sua meta, o Universo é o seu fanal.

Jesus sabia dessa aspiração máxima e vivia-a integralmente, rompendo as amarras da sordidez da cultura escravagista e desprovida de infinitos.

Por isso, proclamava a espada da decisão que separa os indivíduos que se candidatam às alturas, em relação àqueles que se comprazem nos vales sombrios do imediatismo, das satisfações injustificáveis dos instintos, sem as claridades superiores da emoção.

Separar os operosos dos acomodados; dividir a sociedade, que já não se comporta feliz quando se conduzindo pela faixa da tradição, das heranças atávicas do passado sem idealismo; romper com as imposições em predomínio na sociedade, por aspirar-se a mais amplos horizontes, àqueles que facultam visão de infinitude, eis o que propõe o Mestre sábio.

O homem parvo e comum contenta-se com um naco de pão para a sua fome do momento, sem dar-se conta de que o fenômeno se repetirá, tornando-se-lhe necessário prevê-lo e prover-se.

Esse indivíduo, porém, que desperta para uma compreensão integral da vida, não se detém mais ante os cadáveres em decomposição da sua época, as imposições sociais trabalhadas na superfície sem aprofundamento de significado, no realizar o que é conveniente em detrimento daquilo que deve fazer... Opta, naturalmente, pela postura desafiadora, sofrendo a incompreensão e a zombaria dos seus coevos ainda aturdidos na *sombra coletiva* que os envolve.

Jesus pagou pela audácia de perturbar o sono dos poderosos, de sacudir os embriagados dominadores de outras existências, de rebelar-se em relação às diretrizes da mentira acomodada, da exploração das mentes e dos corações pelos triunfadores da astúcia e da bajulação, infelizes, no entanto, todos eles, movimentando-se nos palácios vazios de objetivos enobrecedores onde se encontravam.

Desse modo, com a sua visão profunda de uma psicologia nova, propôs essa estranha moral, não convencional, revolucionária, quebrando as estruturas milenares de raça, de credo, de política, de sociedade trabalhadas na hediondez e na mentira.

Os Seus ensinos resplandecem claridade imortal, segurança emocional, harmonia estrutural, felicidade possível e próxima.

À luz da Psicologia Profunda, carregar a cruz invisível é transformá-la em asas de ascensão, identificando os madeiros de dor e de *sombra* para alterar-lhes a constituição.

Não obstante as conquistas da inteligência, nas áreas da Ciência e da Tecnologia, ainda permanecem tabus e preconceitos que se encontram enraizados no inconsciente humano, exigindo que os idealistas, os que estão despertos, não se rebelem contra as conveniências estabelecidas, partindo para as realizações que lhes dizem respeito, na construção da sua realidade profunda e inevitável.

É óbvio que essa decisão lhes imporá cruzes de tormentos vários: no lar, em razão das conjunturas egoísticas dos familiares que se atribuem direitos sobre aqueles que lhes constituem o clã; no grupo social, acostumado a desfrutar dos gozos que lhe são dispensados; no trabalho profissional, onde os interesses giram em torno do poder e do ter; nos relacionamentos fraternos, que sempre exigem dos outros aquilo que cada qual não consegue em relação a si mesmo...

Carregar, portanto, *a sua cruz* é não se submeter às imposições mesquinhas de quem quer que seja, tornando-se livre para aspirar e conseguir, para trabalhar e alcançar as metas da autoiluminação, tendo como modelo Jesus, que rompeu com tudo aquilo que era considerado ideal, estabelecido, legítimo, porém, predominante nos círculos viciados dos poderosos, que o túmulo também recebeu e consumiu na voragem da destruição dos tecidos, não, porém, das suas vidas.

Naqueles dias, o paganismo diluía-se, e Jesus veio no momento exato, contribuindo para a sua extinção.

As criaturas, no entanto, não se libertando totalmente das formalidades e imposições externas a que estavam acostumadas, reintroduziram no pensamento do Mestre galileu as suas formalidades asfixiantes, os seus dogmas infelizes, castrando as mais belas expressões da Mensagem.

Em face das conquistas modernas, especialmente na área das ciências psíquicas, da astrofísica, da química molecular, da física quântica, que desmistificaram a matéria, o Evangelho ressurge com força e autenticidade confirmadas pelos imortais que retornam do túmulo para comprovar a indestrutibilidade da vida e as consequências do comportamento humano, sempre responsáveis pela felicidade ou desdita de cada um, abrindo espaços luminosos para a aquisição da paz e da felicidade. Mas, sem dúvida, é necessário que *cada qual leve a sua cruz* de responsabilidade, de iluminação e de eternidade.

32
Psicoterapeuta
Ev. Cap. XXIV – Item 12

*Os sãos não precisam de médico,
mas sim os enfermos.*

Mateus, 9:12

O Homem-Jesus, totalmente livre da *sombra individual* como da *coletiva*, que pairava na sociedade da sua época, penetrava com facilidade na problemática profunda do ser, direcionando-se às causas essenciais que modelam a existência terrena. O Seu olhar percuciente alcançava o cerne da criatura ali identificando os reais conflitos, a psicogênese dos distúrbios emocionais e psíquicos que lhes diziam respeito, porque reconhecia no processo das múltiplas existências a causalidade dos acontecimentos na esfera física e no comportamento social. O ser integral não era aquele dissociado da legitimidade espiritual, que se apresentava aos olhos físicos, antes sim, aquele que se constituía de valores transcendentes ao campo da forma, originado na Espiritualidade.

Igualmente, por conhecer a paranormalidade – Ele mesmo na condição de *médium de Deus* –, sabia exortar para a busca da essencialidade interior em detrimento da aparência cômoda e perturbadora das exterioridades humanas.

Elegendo os pobres e conflituosos, aqueles que eram detestados e não fruíam de oportunidade melhor na convivência social do dia a dia, além de quebrar as barreiras sociológicas e econômicas vigentes, que tantas infelicidades causavam e ainda produzem no grupo humano, demonstrava também a excelência dos Seus propósitos e a sabedoria da Sua eleição. Eram esses desditados os que mais necessitavam, porquanto os outros, os poderosos, os não excluídos, já se encontravam cheios do bafio da petulância e da pequenez, por momentos não necessitados de alimentação espiritual mais significativa, nem capazes de entender a Sua mensagem. Muito preocupados com as questiúnculas do corriqueiro em que se debatiam, haviam perdido o contato com as ambições elevadas do significado existencial. Bastavam-se a si mesmos na névoa da ilusão em que se movimentavam ansiosos.

Trazendo a toda a Humanidade a proposta psicoterapêutica preventiva, através da qual seria possível a vivência da saúde integral, oferecia também a curadora, de modo que todos pudessem desfrutar das bênçãos que estão ao alcance de quem as queira vivenciar.

Todo o Seu ministério foi um hino de exaltação e vivência da liberdade, da conscientização do indivíduo, da sua autorresponsabilidade diante dos acontecimentos existenciais, dando início a uma forma nova de ver e entender todas as coisas. Com a coragem que Lhe era peculiar rompeu com a tradição da ignorância e dos caprichos seitistas que dominavam no contexto dos interesses sociais sempre mesquinhos e interesseiros, que trabalhavam em favor dos astutos e dos ambiciosos, deixando ao desamparo e na miséria moral aqueles que não partilhavam dos grupelhos dominadores.

Nunca se permitiu o cultivo da hipocrisia ou de atitudes receosas, por isso mesmo propôs que não se deve pôr a *candeia embaixo do alqueire*, antes no *velador*, a fim de que a sua luz derrame claridade por toda parte, alcançando todos aqueles que se lhe acerquem, assim banhando-se de luz.

Outrossim, proclamou a necessidade de ser-se sincero e autêntico mediante uma proposta de desvelamento moral sem subterfúgios, na qual o *ego* não se sobrepõe ao *Self*, mascarando a realidade do ser existencial. Através dela, a coragem da fé se torna patente, em face da segurança em torno dos objetivos abraçados, sem os titubeios e incertezas que são comuns nas atividades imediatistas do consumismo de todas as épocas.

Jesus é um Homem extraordinário, sem precedentes na história da Humanidade, não podendo ser compreendido em um lance de simplicidade ou de aventureirismo cultural.

A complexidade da Sua vida transcende a uma observação mesmo quando cuidadosa, porque ultrapassou o tempo em que viveu e permanece acima do convencional, do estabelecido, do aceito e do conhecido.

A paranormalidade de que era possuidor tem características muito especiais, não podendo ser comparada com aquela cujas balizas foram estabelecidas pelo estudo hodierno realizado nas experiências de laboratório. Ninguém como Ele, que produzisse tão variada e complexa gama de fenômenos, conforme o fazia, sem estardalhaço ou quaisquer outras formas conhecidas de chamar a atenção.

A Sua austeridade não se permitia vulgaridade ou espetáculo, mantendo-se invariavelmente o mesmo, fosse quando recuperou das febres a sogra de Simão Pedro, na intimidade doméstica, ou quando deteve o vendaval sobre as águas agitadas do mar da Galileia, diante de várias testemunhas...

O cepticisimo desatento, entretanto, tem tentado minimizar a fenomenologia que realizou, propondo interpretações que lhe retirariam o conteúdo de realidade acima do habitual. Isto por falta de conhecimento das Leis que escapam ao controle objetivo e ainda permanecem algo desconhecidas, mas que por Ele eram perfeitamente identificadas.

Com esse poder de que se revestia, jamais atentou contra os Códigos Soberanos da Vida, mantendo-se inflexivelmente dentro dos parâmetros nos quais se deveria movimentar.

Assim, a Sua mensagem direcionava-se, como ainda hoje ocorre, aos enfermos da alma, cujos corpos, por consequência, se encontravam ou permanecem deteriorados.

O Seu brado de advertência constitui a terapia ideal, porque é aquela que, além de evitar a doença ou de curá-la, predispõe o paciente para que não mais se permita afetar, pairando sobranceiro acima dos contingentes perturbadores e causadores de degenerescências habituais: físicas, emocionais, psíquicas, morais.

Mediante esse destemor, não distinguia *pecadores* de *sadios*, mantendo o mesmo intercâmbio com as diferentes camadas da sociedade, porque sabia que todos os indivíduos que se encontram na Terra estão em *conserto* dos efeitos dos atentados que praticaram contra si mesmos.

Aqueles que se mascaravam de puros e se apresentavam como portadores de virtudes facilmente identificadas pela aparência, jamais pela profundidade em que se agitavam, eram-no conforme faziam crer. A verdadeira pureza não se tornava de fácil constatação, porque jaz no imo do ser, e este permanece *ingênuo e simples como uma criança*, jamais perverso, julgador inclemente, discriminador constante...

Ao mesmo tempo, amava-os a todos com igual sentimento de compaixão, como Terapeuta compreensivo e conhecedor das recidivas que os pacientes se permitem por incúria e insensatez contumazes.

A esses enfermos da alma, os esquecidos pela sociedade, além da consolação que lhes poderia oferecer, ministrava-lhes o pábulo da saúde e da esperança, proporcionando-lhes entender os mecanismos da vida extrafísica e atendendo-lhes também as faculdades espirituais entorpecidas ou perturbadas por forças desencarnadas.

Inerente a todos os seres humanos, Ele identificava a mediunidade, que é neutra em si mesma, podendo expressar-se no bruto, no perverso, no imoral, assim como no gentil-homem, no missionário do bem, no abnegado seareiro da luz, e estimulava a todos que mantivessem uma conduta saudável e vinculada ao Pai...

Causa surpresa constatar-se que, não poucas vezes, essa faculdade surge em pessoas moralmente descredenciadas para o seu exercício, e que, por efeito, utilizam-na mal, complicando-se a si e aos outros confundindo. Sucede, porém, que a luz é oferecida a todos com igualdade de ensejos, cabendo a cada qual utilizá-la conforme lhe seja mais útil, assim gerando as consequências que advenham após a forma da sua utilização.

Ela proporciona o intercâmbio com os Espíritos, abrindo as portas da imortalidade a todos quantos anelem por adentrar-se rumando na direção do Infinito e beneficiando-se das incomparáveis concessões que podem fruir.

Assim, portanto, é concedida a todos os seres humanos, especialmente aos enfermos da alma, para que não se possam justificar de ignorância ante a causalidade da vida e a sua realidade após a morte.

Por não ser uma faculdade que coloca a criatura em contato apenas com as *virtudes dos Céus*, mediante a *lei de sintonia* faculta o comércio emocional e o convívio com os Espíritos que são semelhantes aos indivíduos que se lhes submetem por comodidade ou desinteresse na mudança de hábitos.

Graças a essa liberdade de escolha a respeito daqueles com os quais se podem ou querem comunicar os portadores de mediunidade, cada um segue o rumo que melhor lhe apraz, aprendendo a conquistar com as lições que recebe o mais eficaz comportamento que lhe proporcione felicidade.

É emocionante constatar-se que o Terapeuta por excelência jamais se recusa a atender quaisquer pacientes em todos os momentos, desde que se Lhe facultem adentrar na casa do coração e O recebam nos tugúrios de sofrimento onde se refugiam.

Assim, regozijem-se todos os seres humanos com a Mensagem de Jesus, deixando-se penetrar pela proposta de saúde moral e de paz real que proporciona, *porque os sãos não necessitam de médico.*

33

A BUSCA

Ev. Cap. XXV – Item 2

Buscai e achareis.
Mateus, 7:7

À medida que o ser adquire consciência da realidade do Si profundo, a busca de mais elevados patamares torna-se inevitável. Conquistado um degrau, outro surge desafiador, enriquecido de possibilidades dantes não conhecidas.

Ascende, passo a passo, em incessante desenvolvimento de valores que se tornam urgentes de conquistados, conseguindo maior compreensão dos objetivos da vida.

Enquanto o bruto contenta-se com o essencial para a existência, apenas experimentando impulsos e dando campo às necessidades imediatas, aquele que pensa aspira a mais significativas realizações que ultrapassam os impositivos automatistas do fenômeno orgânico.

Saindo da *sombra* total, em razão da ignorância em predomínio, na qual se encontrava, a aquisição de luz interna deslumbra, ensejando horizontes mais nobres, que atraem irresistivelmente para cima, para o Infinito.

O Homem-Jesus sabia-o, em razão de haver atingido anteriormente o mais elevado nível de evolução, que O destacava das demais criaturas terrestres, apresentando-se como o *Modelo e o Guia* a ser seguido. Criado por Deus, e havendo alcançado o excelente estágio de progresso e de iluminação em que se encontrava, aspirava para todos os indivíduos a mesma posição, tendo, por Sua vez, o Pai como *exemplo* e *foco* a ser conquistado.

Sendo o progresso infinito, não se contentou no que havia adquirido, detendo-se em improfícuo e absurdo repouso, por entender que entre Ele e o Criador media um verdadeiro abismo de evolução, tanto quanto um outro vão desafiador existe entre os seres terrestres e a situação que Ele desfruta na escala de valores morais e espirituais.

Assim sendo, propôs que ninguém se satisfaça com o já conseguido, antes cresça, busque, entregando-se ao esforço incessante da libertação dos atavismos iniciais, e ascenda no rumo da Grande Luz, tendo-O por condutor seguro.

Antes, porém, de ser empreendida por alguém essa busca, torna-se necessário que saiba o que deseja e para qual finalidade o almeja.

À luz da Psicologia Profunda, a única realidade é aquela que transcende os limites do objetivo, do imediato, das necessidades do prazer sensualista e da exaltação do *ego*. As metas reais da existência são aquelas que facultam a harmonia que nunca se apresenta como consequência do cansaço, em uma arquitetura de paz equívoca, mas de perfeita identificação entre os diversos conteúdos do ser real e o seu equilíbrio com o *ego*, retirando-lhe a dominação perturbadora e destituída de sentido elevado.

O afadigar-se pela conquista das coisas, planejando reunir valores materiais que se transformam em pesada carga, transferindo-se de um para outro estado do desejo de ter mais, não constitui objetivo legítimo para a busca. Essas aquisições fazem parte das necessidades hedonistas, no incessante permutar de tipos de prazer, que deixam frustração e vazio existencial.

Embutida nessa busca desordenada e competitiva encontra-se uma forma de libido não genésica, que leva à compensação sexual quando alguma falência nessa área se apresenta, e é disfarçada pela autorrealização noutro campo.

O progresso é resultado de contínuas tentativas de realizações em crescendo sob a inspiração da cultura e do conhecimento. Dilata-se na razão direta em que são alcançados alguns níveis e se desenham outros ainda não atingidos, desafiadores e ricos de possibilidades para o ser que anela crescer e plenificar-se.

A busca, na acepção da Psicologia Profunda, é o intenso labor de autoaprimoramento, de autoiluminação, esbatendo toda a *sombra* teimosa, geradora de ignorância e de sofrimento.

Quando se busca com sinceridade, empenhando-se com afinco na sua realização, os obstáculos são vencidos com decisão, abrindo perspectivas muito confortadoras que ensejam a plena realização do Si profundo. Jesus o confirmou com sabedoria nessa trilogia magistral: *Pedi, buscai, batei*, dignificando o ser humano que nunca se deve deter no já conseguido, pois que a fase da razão em que se demora, facultando-lhe a consciência individual, se dilatará para mais significativa experiência, que é a da intuição, por onde transitará até vivenciar a consciência coletiva que se espraia no Cosmo.

Quando existem limites no processo de crescimento espiritual e moral, maior esforço deve ser apresentado para a sua ruptura, porquanto a ascensão é feita de aberturas que se ampliam ao Infinito.

Todos aqueles que se entregaram à dilatação dos horizontes humanos na Terra compreenderam essa necessidade de serem alcançados níveis intelecto-morais mais significativos, e por isso não se cansaram de lutar, compensando-se com as alegrias de cada conquista, sem que se permitissem deter nelas. A esse afã se devem as mais grandiosas conquistas do pensamento humano sempre ávido por novos desafios.

A cultura materialista e a visão utopista que aturdem as criaturas lutam para estabelecer parâmetros definidores da felicidade possível na Terra.

A primeira propõe o prazer incessante, como se os automatismos existenciais jamais fossem interrompidos ou nunca sofressem alteração, mantendo o ser na mesma estrutura do período em que goza. A falência da sua propositura é inevitável, porque a cada momento a maquinaria orgânica sofre alterações expressivas e o ser emocional não se basta apenas com as sensações que o exaurem, não atendendo às necessidades estéticas, morais que lhe são inatas.

A outra, propondo uma sociedade constituída de beleza e de tranquilidade, na qual não se manifestem dificuldades nem dores, logo desaparece ante a improbabilidade de uma alteração nas paisagens humanas de um para outro momento, ou mesmo em médio prazo, em face dos impedimentos evolutivos que tipificam a maioria dos seres humanos.

A belicosidade, o predomínio do egoísmo no comportamento, o atraso moral constituem dificuldades muito grandes a serem vencidas, por dependerem exclusivamente de cada ser. Nenhum decreto externo, imposição alguma poderá alcançar a criatura em si mesma lutando com as suas dificuldades e limitações. A Lei de Progresso é inevitável; esse, no entanto, ocorre a sacrifício mediante lutas constantes. Acostumado ao prazer, o contributo do esforço que exige morigeração nos hábitos e costumes, alteração de conduta e esforço contínuo, parecem aos cômodos uma forma de sofrimento, ausência de harmonia, não se interessando por dar início a esse impositivo de crescimento interior.

A única possibilidade, portanto, de romper-se com essas duas correntes dominantes no concerto social é aquela que o desafia para a conscientização de que tudo quanto o cerca, apalpa, desfruta externamente, tem existência relativa em contextura e em temporalidade. Isso porque, somente são contatadas aparências momentâneas que ferem os sentidos objetivos, não sendo realmente assim constituídas. Por outro lado, o tempo que pode proporcionar bem-estar é sempre de breve duração em relação à perenidade. Como somente é eterno o ser real, o Espírito, para ele e para o seu mundo causal devem ser direcionadas todas as aspirações e realizações, de forma que não sofram os planos de felicidade qualquer solução de continuidade como decorrência das circunstâncias materiais em que se vive na Terra.

A conscientização da imortalidade, portanto, é de relevante importância para a busca, aquela que não se detém quando se conseguem os objetos, as ambições materiais e emocionais que atendem a um momento e logo cedem lugar a novas expressões de ansiedade.

O ser real nunca se detém no crescimento interior, sempre aspirando por maiores logros. A sua capacidade momentaneamente limitada de satisfação amplia-se à medida que se lhe dilatam as percepções da imortalidade e ânsias de infinito.

Desse modo, a lição proporcionada por Jesus em grande desafio à criatura humana permanece como diretriz que não pode ser retirada do comportamento espiritual do ser: *Buscai e achareis...*

34
GRATUIDADE DO BEM
Ev. Cap. XXVI – Item 7

Restituí a saúde aos doentes, ressuscitai os mortos, curai os leprosos, expulsai os demônios.
Dai gratuitamente o que gratuitamente haveis recebido.
Mateus, 10:8

Em análise pela Psicologia Profunda, o texto de Jesus impõe reflexões graves, convidando o servidor do Bem à ação sem descanso, após a decodificação do seu enunciado.

Para que a saúde seja restituída aos enfermos, torna-se-lhes necessária a radical transformação moral, porquanto do Espírito procedem todas as manifestações orgânicas, emocionais e psíquicas. Aquele que empreende a tarefa de ajudar no processo da saúde, trabalha os painéis do ser, auxiliando-o a recuperar o equilíbrio interno e o refazimento de conduta, por cujos comportamentos adquire harmonia perante as Leis Soberanas da Vida.

Por isso, Jesus se refere à possibilidade de ressuscitar os mortos, despertando todos aqueles que se cadaverizam no erro, havendo perdido contato com a existência, por estarem mergulhados nas *sombra*s da ignorância e da criminalidade, nas quais exaurem as forças vitais e entram em decomposição moral... Por outro lado, pode-se entender também aqueles que foram vítimas da morte aparente pela letargia ou catalepsia, à Sua época consideradas como término da existência física. A morte real ocorre quando o tronco encefálico deixa de funcionar, dando início à desencarnação, cujo processo pode prolongar-se por tempo que corresponda ao estado evolutivo e de apego ou não do Espírito ao corpo.

Ocorrendo esse fenômeno biológico, não mais é possível o retorno àquele corpo carnal, porque violentaria as próprias leis que regem a vida nas suas mais variadas expressões.

Por outro lado, em face da dificuldade de diagnóstico profundo em torno das dermatoses muito comuns em todas as épocas, muitas delas foram sempre confundidas com hanseníase, cuja recuperação exige todo um processo de reorganização celular e eliminação do bacilo que lhe produz a degenerescência.

Igualmente, adaptando-se a linguagem do Mestre à atualidade psicológica, teremos nos demônios os Espíritos ignorantes e perversos, aqueles que são responsáveis pelos transtornos emocionais e psíquicos bem como fisiológicos de quantos lhes padecem a instância morbífica, infelicitadora.

Falando a pessoas mergulhadas em *sombra* densa, fazia-se necessária a utilização de linguagem correspondente ao entendimento, através do qual permanecessem as lições inconfundíveis do Psicoterapeuta por excelência, vencendo os tempos e sendo atuais em todas as diferentes épocas do pensamento.

Não obstante, para que todos esses processos de recuperação se fizessem factíveis, uma condição tornava-se necessária: *Dar de graça o que de graça se havia recebido.* Desta forma, a faculdade espiritual encarregada de produzir resultados saudáveis obedece à ética da dignidade que confere à energia curadora as ondas benéficas que podem propiciar o retorno do bem-estar, do equilíbrio, do refazimento.

Médiuns são todas as criaturas, em diferentes graus, porque todas possuem recursos que facultam o registro do psiquismo daqueles com os quais convivem no corpo, como daqueloutros que já transpuseram a barreira carnal e se encontram despojados da matéria. Naturalmente, destacam-se as pessoas que a possuem mais ostensivamente, produzindo fenômenos vigorosos que não podem ser confundidos com manifestações do inconsciente, nos seus vários aspectos, nem tampouco com o acaso, em razão de repetirem-se amiúde.

Os apóstolos igualmente eram portadores de mediunidade, como o demonstraram por diversas vezes, particularmente no dia de Pentecostes, quando foram alvo da admirável xenoglossia, comunicando-se com os presentes nos respectivos idiomas que lhes eram familiares, assim demonstrando a interferência do Espírito sobre a matéria e advertindo para os chegados tempos da imortalidade em triunfo. Mais tarde, e durante toda a existência, exerceram-na com grandiosidade e abnegação, deixando rastros luminosos por onde passaram, graças a cuja conduta arrebanharam multidões para o Evangelho nascente.

Renunciando a qualquer interesse pessoal, demonstravam a qualidade da Boa-nova, convocando necessitados de luz para que participassem do banquete espiritual que lhes estava sendo oferecido.

Fortemente vinculados a Jesus, n'Ele hauriam as energias necessárias para os cometimentos das curas físicas, psíquicas e principalmente morais, conduzindo todos quantos se beneficiavam ao encontro do Si, libertando-se do *ego* perturbador e iluminando o lado *sombra*, que antes neles predominava.

A autêntica doação, firmada no desinteresse pessoal, constituía-lhes o sinal de união com Deus, a demonstração de que trabalhavam para o êxito do Bem no mundo, ante a certeza dos resultados da ação após a disjunção molecular.

Os Espíritos Nobres, que os assessoravam, jamais aceitariam o nefando comércio monetário ou de benefícios materiais em favor dos que neles confiassem, beneficiando-se antes que servindo, aproveitando-se das faculdades mediúnicas para o lamentável intercâmbio de valores terrenos, que atraem os incautos e fazem sucumbir os ambiciosos que se perdem nas lutas infrutíferas dos triunfos do mundo...

Para viverem, trabalhavam, porque não desejavam ser pesados na economia social da comunidade, nem aproveitar-se para explorar aqueles que os amavam e neles se alimentavam espiritualmente, dando as lições mais eloquentes de grandeza moral e de verdadeira fraternidade, que a ninguém explora ou submete aos caprichos perniciosos da transitoriedade carnal.

Ainda hoje, assim deve ser a conduta de todos quantos anelam pela Realidade, mergulhando no mundo íntimo em busca da legitimação dos seus valores espirituais.

A mediunidade é conquista moral e espiritual que jamais privilegia sem que haja uma retaguarda de esforço pessoal e de realização dignificadora. Os perigos a que se expõe aquele que a exerce, constituem-lhe o grande desafio, a fim de que possa ascender, superando-os a pouco e pouco, enquanto sublima os sentimentos e corrige as anfractuosidades morais, trabalhando as aspirações íntimas que se devem elevar, facultando-lhe real felicidade e alegria de servir.

Quem realmente se dedica ao Bem, e o faz com gratuidade, experimenta incomparável júbilo, que se expressa mediante a felicidade de poder doar ao invés de receber, ajudar antes que ser beneficiado...

Ricos, portanto, dos tesouros da bondade e da abnegação, esses obreiros da solidariedade, através da mediunidade ampliam os horizontes da vida além da tumba, trazendo de volta ao convívio humano aqueles que se acreditavam haver morrido, mas que estuam de alegria ou sofrem as consequências dos atos a que se entregaram. Se infelizes, encontram-se, não obstante, amparados pela esperança do refazimento e da conquista de outros valores mais significativos do que aqueles a que se aferraram e os levaram ao naufrágio existencial.

O ser real, perfeitamente sintonizado com as Fontes geradoras da vida, plenifica-se e engrandece-se, contribuindo de forma decisiva pela edificação da sociedade melhor, mais justa e mais ditosa do que a que tem vivenciado no processo de evolução no qual se encontra.

Harmonizado com o Bem, as forças morais geram energia curadora que altera a mitose celular, agindo nos fulcros do perispírito e recompondo-lhe a malha vibratória, a fim de que o organismo se beneficie e se refaça. Sintonizado com as Esferas superiores recebe as vibrações compatíveis com as necessidades dos pacientes e imprimem-nas nos seus fulcros energéticos, alterando o comportamento fisiológico que passa a ter novos dimensionamento e reorganização.

Concomitantemente, a renovação moral do enfermo faculta-lhe a fixação das energias saudáveis que irão trabalhar-lhe o ser, proporcionando-lhe bem-estar e paz.

Por isso, jamais a mediunidade poderá transformar-se em profissão sob qualquer pretexto conforme se apresente. A Lei que vibra em toda parte é a do trabalho, da conquista do pão com o labor digno, pessoal, intransferível...

Exteriorizando harmonia moral e equilíbrio espiritual, os médiuns assim constituídos conseguem expulsar os Espíritos perversos que neles veem verdadeiros exemplos de renovação, tornando-se-lhes modelos que podem ser seguidos, porque propiciam paz e felicidade; enquanto aquele que explora em nome da mediunidade, justificando-se ociosidade e oportunismo, atrai Entidades semelhantes que se lhe associam e passam a explorá-lo, vampirizando-o mais tarde sem qualquer complacência.

No seu severo discurso, igualmente rico de esperanças e consolo, Jesus adverte que concede a todos aqueles que O sigam sinceramente, os tesouros da transferência de saúde e paz, ressuscitando-os do túmulo da ignorância e do sono pesado a que se entregam, tornando-se fonte de luz, desde que o façam, cada um dando *gratuitamente o que gratuitamente haja recebido*.

35
Pedir e conseguir
Ev. Cap. XXVII – Item 7

*Seja o que for que pedirdes na prece, crede que o obtereis
e concedido vos será o que pedirdes.*
Marcos, 11:24

A existência física é todo um processo biológico de permutas vibratórias que sustentam a maquinaria regida pela consciência, departamento de segurança que se exterioriza do *Self*. Nele residem todas as faculdades delineadoras da realidade física nos seus múltiplos departamentos.

Vinculado à Causalidade Absoluta de que procede o Espírito, há um ininterrupto intercâmbio de forças que o vitalizam no seu processo de ascensão infinita.

Não raro, mergulhado na *sombra* densa que procede do desconhecimento da sua legitimidade, distancia-se da sua origem pelo instinto que nele predomina, mergulhando em perturbação que o abate ou o alucina, desviando-o do rumo ao qual se sente atraído por peculiar magnetismo. Sucede que as heranças do primarismo, ainda governando a sua natureza animal, conduzem-no pela senda do prazer sensorial, sem que se dê conta das superiores emoções que o elevam e o liberam das paixões primitivas.

Confundido nos diferentes sentimentos que se mesclam no mundo íntimo, deixa que os conteúdos psicológicos do *animus* como da *anima* confundam-no no arcabouço da polaridade em que se situa, buscando as insaciáveis satisfações do sexo em desalinho entre torvas permutas que mais o inquietam.

As heranças culturais, sociais e morais que lhe dormem no ser encontram dificuldade de expandir-se em razão das preferências do desejo pelo prazer e pelo poder, atirando-o para abismos emocionais que o enlanguescem ou que o galvanizam.

Jesus, o Homem por excelência, conhecia essa ocorrência da natureza humana e entendia os conflitos de todos aqueles que O buscavam apresentando sofrimentos que mascaravam a realidade profunda, sem que se dessem conta das necessidades legítimas em razão das aparentes dificuldades que enfrentavam.

Por isso, não cessava de recomendar que se operasse nos enfermos desejosos de saúde a renovação interior, a mudança de conduta mental e moral, a fim de que no cerne de si mesmos se concretizasse o bem-estar, sempre susceptível de alteração pela própria fatalidade da vida celular e da inevitabilidade do fenômeno da morte.

Porque nem sempre as criaturas soubessem como manter a vinculação com as Fontes da Vida, sugeriu a oração, que se constitui numa ponte vibratória de fácil cons-